Bernd Hensel

Mutternarben

Impressum

Texte: Copyright by Bernd Hensel

Herstellung und Verlag

BoD – Books on Demand, Norderstedt

ISBN 9783746018720

Inhaltsverzeichnis

Vorwort

Als ich den Auftrag zur Biografie war mir schon komisch, dass der Protagonist nicht alleine kam, sondern mit einem sogenannten Freund, der auch irgendwo alle Interviews körperlich oder mental begleitete.

Nun ist diese Biografie wie alle aus meiner Feder mit Kommentaren hier in Kursiv gestaltet mit letztlich helfender analytischer Struktur, die einen heute noch verborgenen aber prozentual doch hohen Anteil an Mutterinzest schildert, der alle Problematiken im späteren Leben manifestiert.

Es entsteht ein Familienbeschützer, denn sein Opa tat das Gleiche an der Mutter hin zum durch diese Familienschicksale getretenen Einzelgänger und Außenseiter, der aber selbst in Prostitution und Drogenkriminalität trotz Therapien nie fest Fuß fassen konnte.

Er gibt alles in kapitalistischem Umfeld, um letztlich die Liebe der Mutter in seinen Narben zu bekommen, aber übersieht, dass er sich wie so oft als Opfer zum Täter entwickelt. Ein Sozialberuf ist da nur im Grunde eine Ausflucht, um sich und andere reinzuwaschen.

Da er nie eine wirkliche Lebensentscheidung getroffen hat oder auch wohl nicht konnte, bleibt nur die Abhängigkeit von Medikamenten, Drogen und letztlich jahrelanger therapeutischer Behandlung, die aber in seinem Fall mit der Diagnose Psychose und Sucht nur substituiert und mit wenig Hoffnung gesellschaftskonform behandelt werden kann.

Letztlich ist es eine homostrukturierte Lebenslüge mit bisexuellen Ausuferungen bis hin zum Call-Boy-Ring, wo nur

Fleisch und Geld zählen, was sich auch nach Erstellung meiner Arbeit im Feilschen um den Vertragspreis und letztlich Formen der Erpressung ausuferte.

Somit werden eigene Narben immer wieder weitergegeben in der ziellosen Lüge des gespaltenen Doppellebens in steter Überforderung, was mich nun in der im Nachwort beschriebenen Theorie des gesunden Beziehungssozialismus veranlasste nach über vier Jahren, diese Biografie zu veröffentlichen, die jedoch für Viele in der riesigen Dunkelziffer sexueller Familien-Gewalt und ihrer immensen psychischen Folgen, die meiner Meinung kaum revidierbar, lehrreich sein kann und leicht lesbar ist.

Das Dorf

Es fuhr eine große Straße durch das norddeutsche Dorf und spaltete sich in kleine Wege wie ich, denn mein Schicksal war, dass ich als uneheliches Kind geboren war. Die Bauernschaft war noch so gestrickt, dass Heim und Hof in Einklang zu stehen hatten.

1959, in meinem Geburtsjahr, waren zehn Jahre Adenauer-Regierung auf keinen Fall so aufgeschlossen, dass Liberalität herrschte. Etwa war der Vater in Amerika oder tot. Es brauchte eine Begründung. Ich fand keine.

Nur die des Leidens meiner Mutter, die mit vier Jahren in eine Pflegefamilie aus dem Kinderheim kam. Es waren drei Söhne da, aber die Mutter wünschte sich aufgrund einer Fehlgeburt immer eine Tochter, aber das Pflegegeld war auch verlockend.

War das echte Liebe? Wirtschaftlichkeit mit einer gesunden Erziehung eines Kindes zu verbinden, ist stets eine heikle Sache. Ein tot geborenes Kind? Das muss nicht sein, aber echt liebende Eltern zu ersetzen, fällt schwer.

Es wurde mir auch nie klar, warum die Mutter meiner Mutter, meine echte Oma, sie in einem Kinderheim unterbrachte. Meine Adoptivgroßeltern wurden dann zu meiner Oma und Opa und die drei Söhne zu meinen Onkeln.

Die Situation zeigte sich schon verwirrend. War da nicht viel Gemauschel und Abschieben? Kinder merken das direkt und wenn nicht wird ihnen gerade auf einem Dorf sehr schnell der Spiegel vorgehalten.

Die ländliche Gegend war katholisch geprägt und in dem 300 Jahre alten Fachwerkhaus, das sie bewohnten, war Einsamkeit zur Natur, denn die Hauptstraße war nur von fünf Häusern besiedelt. Es gab keine Möglichkeit etwas zu verstecken, aber die Riten weigerten, zu sprechen.

Kommunikation ist für jeden wichtig, gerade für Kinder. Man spielt gemeinsam im Wald und dann braucht man auch keinen Kindergarten, aber was passiert, wenn Kinder ausgrenzen und dies noch mit dem Umfeld der Erwachsenen.

Es gab viele Waldwiesen und alle Häuser waren alleinstehend, also kaum besiedelt, aber mit eigener Moral, die stärker wirken kann als jede Folter, nämlich die der Ausgrenzung. So alt wie das Haus war auch die Geschichte und Tradition des Dorfes, die einen Fluch über die Bewohner setzen konnte.

In einer Großstadt war es Ende der 50er und Anfang der 60er Jahre schon häufiger üblich, dass Kinder unehelich waren, aber man ließ sie es weniger spüren. Man erfand Ausreden, aber letztlich zählte der Charakter des „Genossen" und nicht seine Herkunft.

Die Mutter spürte aber im Dorf die erzkatholische „Christlichkeit", als sie hochschwanger mit mir durchs Dorf ging und angespuckt wurde. Es war eigentlich noch tiefstes Mittelalter, das mit Menschlichkeit nichts zu tun hatte. Es war eine normative Erdrückung menschlichen Lebens und Existenz.

Der Zugriff

Als Oma und Mutters Stiefbrüder weg waren, wollte der Opa meine Mutter wieder bedrängen und vergewaltigen. Sie flüchtete sich in eine kleine Kammer und hielt die Tür hochschwanger zu. Sie hat es mir früh erzählt.

Eine Welt brach zusammen. Ich war gefordert Kräfte zu entwickeln, die nicht kindgerecht sind. Kein Inzestkind, aber aus dem Haus produziert und das nicht vom Partner. Wie kann man mit diesen Narben leben, wenn die Mutter selbst angeschlagen ist?

Obwohl keine Blutsverwandtschaft war das Blut verunreinigt. Es war eine Schande, die über mich kam. Gezeugt von einem Mann, der eigentlich die Aufsicht hatte, aber nicht die Berechtigung des Sex.

Aber die Mutter leugnete zunächst, dass der Opa der Vater war, denn sie sprach nur von Übergriffen in der Schwangerschaft, wo sie ja sowieso schon dick sei und es nicht mehr darauf ankäme. Dass dieses „Liebesleben" schon lange ging, war aus der Wahrheit ausgegrenzt.

Unter jedem Dach gibt es ja ein Ach, aber diese Verhältnisse waren so verheerend, dass heute beste Boulevardpresse sich darauf schmeißen würde, um die Auflage zu steigern. Hier ist das Ziel das Erlebte gesund zu verarbeiten.

Es ist auch ein Rätsel, warum die Großmutter als resolute und stabile Frau nicht dazwischengegangen ist bei den Machenschaften des Mannes. Im Gegenteil: sie hat es eher noch gedeckt.

Der Drang zur Wahrheit ist etwas Schönes. Aber es gibt auch den Spruch, dass wer zu viel Wahrheit spricht, als Arschloch tituliert wird. Immer schön ruhig bleiben und die soziale Kontrolle behalten. Es soll ja kein Familiendrama werden.

Aber es war das dörfliche Geschick in der Gegend. Es gab viele Alkoholiker unter den Familienoberhäuptern, was die Frauen deckten und eben zur Versorgung anstatt des Mannes die Lohntüten abholten, damit diese sie nicht versoffen.

Nun gibt es nichts wahrhaft Rundes in der Welt, aber die ländlichen Normen waren nicht Offenheit und Stolz. Das kam erst 20 Jahre später in den Städten, wo soziale Probleme auch diskutiert wurden und psychologische Elemente therapiert.

Mit vier Jahren bin ich das erste Mal dazwischen, als der Opa meiner Mutter unter den Rock griff. Ich legte mich mit einem erwachsenen Mann an. Aber es steckt im Mannesblut, auch dem jungen, die Mutter zu schützen.

Türkenjungen können das in dem Alter sogar schon mit dem Messer, um bei Besuchen von Männern die Familie zu retten, und die Mutter auch ohne Anwesenheit des Vaters zu bewachen. Wie viel Tierisches steckt in dem Menschen, der vergewaltigt und dem, der die Höhle bewacht.

Ich konnte ihn immer wieder verscheuchen, das funktionierte. Ich hatte Glück, dass er mich nie platt gehauen hat. Aber sie hatte immer mit meinem Leben gespielt, wie sie erzählte, genauso wie sie mich stundenlang bei 30 Grad Sonne im Garten ließ, bis ich krebsrot war.

Oma befreite mich dann, wie das so häufig in den Familien ist, aber es wurde alles unter den Teppich gekehrt. Lebte sie noch in dem Dogma, das Fremdgehen des Mannes ein Schluck Wasser ist und das der Frau Blutschande?

Aber man muss bei allem Geschehenen bedenken, dass ich kein gewolltes Kind war und natürlich Flaschenkind. Noch einmal rettete mich Oma im Regen und einmal ich mich selbst, als ich Schlaftropfen ausspuckte, weil sie zu bitter waren wegen Überdosierung.

Alle drei Anschläge sind im ersten Lebensjahr abgelaufen und die Mutter war auch erwerbstätig. Das Aussetzen eines Kindes ist der schleichende Mord, wenn nicht in Kindheit oder Jugend, dann wenigstens im Erwachsenenalter.

Die Mutter versuchte selbst aus Hilflosigkeit mich in der Schwangerschaft wegzubeten. Eine Nonne störte sie dabei und meinte wohl, dass dies nicht sehr schön sei. Ich hörte alles später, aber trotzdem war ich gefordert zu leben und für meine Mutter da zu sein.

Labilität wird erzeugt, sie liegt nicht in den Genen, denn sonst könnte man nicht gerade durch die Berufssozialisation zu Selbstvertrauen und Selbstbewusstsein gelangen. Aber man muss darum kämpfen und was tut man, wenn die Kräfte schwinden?

Andererseits bekommt ein ungeborenes Leben die Schande der Familie schon mit und wächst mit ihr. Ob Prügel, ob Alkohol, ob Nikotin, alles kann schaden. Das Umfeld prägt, alles ist nichts ohne eine ausreichende Milieubetrachtung.

Zuwachs

Mein Bruder wurde fünf Jahre später geboren und der war nicht mehr vom Opa. Ein Gogo-Mobil-Fahrer, der meine Mutter selbst zur Schule fuhr, damit sie als ungelernte Arbeitskraft noch eine Ausbildung zur Krankenschwester machen konnte.

Reife Leistung unter den gegebenen Umständen und das zeigt, dass auch in der Mutter Kraft steckte, sich zu wehren und zu kämpfen, wenn ausreichende Unterstützung da war. Alle in der Familie sollten soziale Berufe ergreifen, helfen, weil man selbst noch Hilfe schrie.

Ihre Brüder dagegen waren alle ungelernte Kräfte, die auch nicht richtig deutsch sprechen konnte. Oma und Opa sprachen blattdeutsch, mit mir und dem Bruder wurde hochdeutsch gesprochen. Es wurden doch Unterschiede in Herkunft und Sprache gemacht.

Es war eine Kluft, die nicht nur negativ geartet war, sondern auch sehr wohl eine kindgerechte Sozialisation in die Bahn warf, wenn nicht die schlimmen Verfehlungen hinter dem Deckmäntelchen der Versorgung ausbrachen.

Meine Mutter war dann in ihrem Beruf als Krankenschwester sehr erfolgreich und sehr beliebt und lernte ihren Mann kennenlernen, den sie aus Zuneigung auch wirklich heiratete gegen die Eifersucht des Opas.

Da bestand ja die große Chance, dass doch noch eine gute Lösung der Familienbande entstehen könnte, aber Abhängigkeit kann krankmachen, denn es ist nicht nur die körperliche, sondern auch seelische entscheidend.

Da hat aber meine Mutter den Fehler gemacht, dass für die neue Familie ein Anbau an das Fachwerkhaus gezimmert wurde, anstatt wegzuziehen und ein neues Leben zu beginnen. Wo blieb ich in drei Zimmern, nicht kindgerecht?

Zudem wurde ich als Vater einem Mann untergejubelt, wo irgendeine Ähnlichkeit bestand und Sex ad hoc, so dass Alimente flossen und der offizielle Teil erledigt war. Zwei Fliegen waren damit mit einer Klappe geschlagen.

Es ist ein ganzes Kartenhaus aus Lug und Trug, das lange hielt, aber mit Verdrängung kann man nicht ewig leben, schon gar nicht gesund. Alle sollten noch ihren Fett davontragen und in Schwierigkeiten geraten, die kaum aushaltbar sind.

Nur aufpassen auf die Blutgruppe, Gentest gab es noch nicht und letztlich sah die Mutter blendend aus, um einen „Erzeuger" zu finden. Der Opa hatte diese Merkmale schon früher erkannt und ließ in seinem Sinnen nicht ab von der Schönen.

War die Mutter als Teenager noch willenlos, so beugte sie sich als Frau nur ihrer eigenen Schwäche, selbst dann, wenn sich Gelegenheiten zum Ausbruch baten. Das gibt es aber oft, dass gerade die Misere nicht verlassen werden kann, weil man sie eigentlich abschaffen will.

Aber man war schlau genug, einem Minderbegabten mich unterzujubeln, gerade wenn die Mutter auch „Miss Germany" sein konnte, den ich dann einmal vor Gericht traf. Erst 1998 erfuhr ich wirklich, dass der Opa mein Vater war durch meine Therapie. In früheren Jahren hätte es zu einem Chaos geführt.

Fast 40 Jahre Schande zu erleben und erst dann richtig aufgeklärt zu werden, ist schon eine schmerzhafte Begebenheit, aber schließlich führte dieses Geheimnis oder Verdrängen dazu, dass ich 40 Jahre weitgehend funktionierte. Was kann der Mensch nicht alles aushalten.

Wirrwarr

Es war kein kindgerechtes Leben. Als meine Mutter verheiratet war, kann ich mich erinnern, dass ich bei meinen Großeltern im Bett schlafen musste. Opa horchte, was im Anbau nachts los war und spielte weiter seine Eifersucht aus.

Über Sexualität wurde zu dieser Zeit – schon gar nicht auf dem Dorf – diskutiert, aber es war keine klare Trennung von Jung und Alt, sondern eine Sippe, die aus einem großen Pott mit einem Löffel aß.

Es war Wahnsinn, was sich da abspielte und die Großeltern, gerade auch die Oma hetzten geraden gegen den Ehemann der Mutter. Der wiederum war zu mir, als mein Bruder auf die Welt kam, sehr gemein.

Ich war immer zurückgestellt, auch wo jetzt eine Familie da war. Der Anbau war nicht der Hof der Liebe, sondern ich wurde aussortiert, wie ein guter Apfel im Komposthaufen. Die Mutter war zu schwach, sich durchzusetzen, wenn sie es überhaupt wollte.

Ich wurde eigentlich gefragt, ob der neue „Vater" richtig für mich wäre, was ich bejahte, denn er arbeitete als LKW-Fahrer wie viele in der Familie, war auch geistig rege und ich erhoffte mir eine Zelle der Gemeinschaft.

Es sind schon viele Widersprüche, getragen von Angst und Hemmungen, sich auszudrücken, um nicht das Wenige noch zu verlieren. Es ist der Strohhalm, nach dem man greift, um nicht zu ertrinken oder so zu strampeln, dass aus Milch Käse wird, wenn man in den Topf gefallen ist.

Der Opa war Frührentner. Ich erlebte nie, dass er einer festen Arbeit nachging. Es war ein vollkommenes Durcheinander und immer noch unvorstellbar, dass die Intimitäten niemand mitbekam.

Aber wenn heute herauskommt, dass Frauen 20 Jahre im Keller eingesperrt werden und missbraucht, so ist meine Geschichte sicherlich auch glaubhaft. Aber die Schmerzen wurden immer unerträglicher und hinterließen furchtbare Narben.

Insgesamt erinnert alles ein bisschen an „Die Blechtrommel", wo eine Mutter ihre Gefühle zu Partnern nicht in den Begriff bekommt und der kleine Junge einfach nicht in die Erwachsenenwelt will. „Ich beschloss, nicht mehr zu wachsen".

Man kann körperlich nicht mehr wachsen oder auch geistig nicht den ganzen Müll mit sich herumtragen. Es gibt nichts Schlimmeres als vollkommenes Wirrwarr für Kinder, denn sie brauchen bei dem inneren Chaos eine Richtlinie der Eltern.

Ich hatte einmal mit zwei Jahren einen Traum, dass meine Mutter auf dem Dachboden der Scheune stand und durch das Dach fliegen wollte. Ich fragte sie, wo sie hinwollte und sie antwortete, dass sie gehen müsste, da die anderen mich umbringen wollen.

Es war klar, die Familie drangsalierte und sie wusste keine andere Hilfe, als mich nicht kindgerecht zum Partner zu wählen, der sie beschützen und als Ersatzmann dienen sollte. Welche Überforderung in jungen Jahren, die sich als Belastbarkeitsgrenze durchs ganze Leben ziehen sollte.

Es wurde mir klar, wie meine Mutter kontinuierlich seelisch fertiggemacht wurde und ich kann mich sogar erinnern, wie sie Schwanger mit meinem Bruder von Opa und Oma körperlich gezüchtigt und durch Tritte in den Bauch drangsaliert wurde.

Gewalt in aller Form, da müssen Schäden zurückbleiben. Das hält niemand aus. Ist es da nicht natürlich, dass man anders wird. Das hat nicht nur mit der Unehelichkeit, der Herkunft zu tun, sondern auch mit dem Charakter, der sich bei dem Kind herausbildet. Andere bekommen Angst.

Ich habe nie als normales Kind gelebt, sondern war alles, Partner, Therapeut und Bodyguard gegen den Opa, der immer eifersüchtiger wurde und seine Wut herausließ. Stundenlang ging sie mit mir spazieren und erzählte ihre Sorgen.

Die Mutter sucht ein Hilfs-Ich und damit ist jeder Heranwachsende überfordert. Dann darf man noch kein Kind haben, aber was wollte sie tun? Sie war ja vom Opa vergewaltigt und geschwängert. Genauso geht es Kindern, die von einer Mutter geboren, die auch von ihrem Ehemann kein Kind wollten. Das Kind spürt das Ungewollte und die Mutter strahlt es aus.

Der Wald mit den langen Spaziergängen ist tief in mir eingegraben und ich möchte ihn auch nicht missen. Er belügt mich nicht und hat Kraft. Natürliches Charisma. Er hilft und nicht umsonst wird bei psychischen Erkrankungen das Naturerlebnis als therapeutisches Mittel angewandt.

Ich war nie von der Familie so anerkannt gewesen wie mein Bruder. Meine Lebensberechtigung bestand darin, dass ich meine Mutter und später meinen Bruder beschützen sollte. Das macht mich heute in meiner Überforderung noch traurig und verzweifelt, ohne lachen zu können.

Wie sagte einmal ein Pfarrer auf einer Weihnachtsfeier: Das Wichtigste auf der Welt ist, dass man geliebt wird. Und das zu empfinden gibt Kraft. Und wenn man das nicht hat, entsteht nur Aggression und man läuft der Liebe denjenigen nach, die sie nie geben können.

Das Durcheinander war so groß, dass meine Mutter in dem Alter, wo man Vater und Mutter spielt, einen Keil zwischen mir und Mädchen geschoben hat. Frauen seien in der Sexualität nur in der Opferrolle und ich wurde zum Homo manipuliert.

So erkennt man schon früh, dass Sexualität durch die Umgebung geprägt wird, bevor sie sich eigentlich in der Pubertät richtig ausspielt. Es war die Unterdrückung der normalen spielerischen Phantasie, sich dem anderen Geschlecht zu nähern.

Ich wollte eigentlich als anderes werden als ein Mann, denn die gesamte Umgebung neben dem Opa auch die Onkel waren mir zutiefst zuwider, was bis zur Beerdigung meiner Mutter hinreichte, als über Berufe gestritten wurde.

Alle wussten es, aber ich war der Leidtragende. Ich war ihnen vom Intellekt weit überlegen und das war noch meine Stärke, die mir Kraft gab und auch später seelische Schmerzen besser auszuhalten. Und nie aufzugeben und weiter zu kämpfen.

Man übersah immer geflissentlich, dass ich stets Klassenbester war. Ich war für sie ein Nichts, das hoffentlich genauso manipulierbar sei wie die Mutter. Aber dem war nicht so. Ich wehrte mich mit allen Kräften.

Mein Bruder sagte einmal zu mir, dass ich immer anders als andere gewesen wäre. Es war kein Wunder, aber manchmal bekommt man im Erwachsenenalter noch einmal beigebracht, sich von der Umwelt abzuheben.

Dann heißt es: „Bist Du immer so?" Aus so einem seelischen Defekt kann man auch Positives ziehen, wenn man den richtigen außergewöhnlichen Berufen nachgeht. Heute ist vielleicht der Weg frei, diese enge Gasse zu bestreiten.

Es erinnert alles ein bisschen an den Fall „Pascal", das selbe Milieu, wenn auch gefestigter, aber mit der Tendenz, dass ich Angst hatte, wenn ich in einen Raum trat, ob jemand da war, der mich vergewaltigen und umbringen wollte.

Schiere Gewalt und Angst davor, nicht mehr aufstehen zu können. Solche Kinder entwickeln Empfindungen, Antennen, Verhaltensweisen, die eben anders sind, denn sie müssen um ihr Leben fürchten, wo ein normaler nie dran denkt.

Es gab auch im Dorf genügend Schicksale, wie die meines einzigen Freundes, der sich mit 18 Jahren erhängte. Eine Parallele zum Umfeld. Wenn man selbst labil ist, sucht man sich solche als sozialen Kreis.

Ich hatte mitbekommen, wie dessen Eltern den Jungen systematisch in den Tod getrieben hatten. Mir blieb das noch erspart. Ich hatte die Überlebenskraft, mich zu wehren. Darauf trimmte mich meine Mutter: Du bist mein Beschützer!

Denn schon in dem Nonnen-Kinderheim, wo die Mutter die ersten Lebensjahre lebte, wurde nur Angst geschürt. Es war ein Gefängnis mit Schrecken, wie sie immer schilderte. Und sie hat früh gelernt, Angst auszuhalten und das nutzte schließlich der Opa.

Angst zu ertragen ist eine wichtige Rolle. Und es gibt eben auch die positive Angst, die vor Gefahren schützt. Aber wenn die Ängste überhandnehmen, führen sie zu Panikattacken, die dann nicht mehr lebenswert erscheinen.

Eigentlich hätte das was die Nonnen an den Kindern verrichteten, zu Gefängnisstrafen führen müssen. Alles im Namen der katholischen Kirche. Aber es zeigt auch, wie Frauen in der Pädophilie Täter sein können.

Normalerweise glaubt man es kaum. Aber es sind nicht nur die Männer, die sich vergehen. Vom Psychologischen steht aber weniger die Lust bei Frauen im Vordergrund, sondern der Ersatzpartner, während Männer ihrem Trieb nachgeben.

Es gibt eine immense Dunkelziffer bei Frauen und statistisch gesehen führen die Geschädigten ein Kamikazeleben wie der eigene Bruder, wo die Gefahr besteht, dass sie sich totarbeiten oder tot saufen.

Schicksale zu verarbeiten ist schwer, gerade Vergewaltigungen gehen ein Leben lang mit ein her. Es ist für Frauen wie Männer schrecklich, und die Täter sind nicht entschuldbar, auch wenn sie oft selbst früher Opfer waren.

Intimitäten

Die Mutter hatte mich nie als Kind angesehen, sondern als Partnerersatz. Es war viel zu große Nähe da. Ich hatte keinen eigenen Raum, um mich zu entwickeln. Ich musste bei ihr im Bett schlafen und mein Bruder später auch.

Die Mutter suchte sich Hilfe bei ihren Söhnen, aber reflektierte gar nicht, was sie damit ihrer Familie antat. Sie war eben Opfer und Täter zusammen. Sie war noch dominiert von den Verhaltensweisen des Opa, sexuelle Gewalt.

Sie nahm mich mit in die Badewanne mit sexueller Belästigung. Es wurde als Spiel getarnt und es ist viel in mir in dieser Zeit zerbrochen. Ich war klein und sie konnte mich packen. Es war eindeutig sexuell und ich erinnere mich, wie ich die Kacheln anschaute.

Ich fühlte mich wie eine Prostituierte, die hinhalten muss und als Kind für ein gutes Mittagessen. Es war kein Spiel, sondern sexueller Missbrauch. Der Unterschied ist eben, dass das Kind sich nicht wehren kann und die Mutter dominant blieb.

Es war die erste große Spaltung, an die mich erinnern kann. Ich erinnere mich, dass ich unendlich traurig war und eben aus der Realität herausgegangen bin, um die Wahrheit zu ertragen. Es war das erste Mal, dass mir bewusst wurde, was sie da mit mir macht.

Ein schreckliches Abenteuer: Hilflosigkeit, Wut, Frustration, Scham. Aber wollte die Mutter nicht auch nur Liebe, da sie sie beim Partner nie erfuhr? Es soll keine Entschuldigung sein, aber ihr Schicksal hat auch in jungen Jahren begonnen und sie war Prostituierte wie ich jetzt in der Badewanne.

Es ging noch weiter, dass ich mich erinnern kann, als ich in die Schule kam und mein Bruder noch klein, dass sie mir Küsse gab, aber keine normalen, sondern Zungenküsse mit der Begründung, ich müsste es wissen, wenn ich später einmal eine Freundin hätte.

Das wird sehr oft von Müttern gemacht, die keinen Partner haben oder der Vater fehlt. Es bleibt eben nicht mehr kindgerecht und die Sexualität auf falsche Weise gefördert. Damit wird der Grundstein gelegt, dass das Kind anders als andere ist.

Diese Spielchen mit Badewanne und Küssen hat sie auch mit dem Bruder gemacht und ich bin dann dazwischen im Alter von acht Jahren. Ich war ihr schon zu alt geworden und ich beschützte ihn, obwohl ich es nicht immer verhindern konnte.

Wieder Schutzfunktion: Nicht nur der Opa wurde gemaßregelt, sondern auch die Mutter. Welch schizoide Grundlage, wenn ich als Kind das Opfer gegen den Opa beschütze und den Täter in einer Person zu den Nachkommen maßregele.

Das war alles zu intim, denn wir hatten auch eine Tante, die uns zu gern mit auf Toilette nahm und zeigte und produzierte. Mutter und Tante tickten parallel, obwohl der Bruder dies besser wegsteckte als ich.

Das lag wohl daran, dass der Bruder die schlimmsten Jahre nicht durchmachte und gar einen Vater hatte, der ihm wenigstens für kurz Halt gab. Und zudem ist nicht absehbar, dass die schizoide Grundlage durch die Ehelichkeit nicht gegeben war.

Mein Bruder wurde auch immer anders behandelt und sie wussten alle, dass ich Kind des Opas war und so entstanden die Mutternarben, denn ich durfte auch mit den Nachbarskindern nicht spielen. Ich bekam es schon als kleiner Junge mit, indem Ausreden gefunden wurden. Bei der Einschulung sagten sie dann, dass der Bastard käme.

Ein aggressives Kind, das sich durchkämpft, gehört nicht in unseren Kreis und muss ausgegrenzt werden. Es war alles eine einzige Lüge. Unehelichkeit ist keine Begründung für Isolation, aber ich hatte auch andere Verhaltensweisen.

Der Grundschullehrerin fiel auf, dass mit mir etwas stimmte und schrieb, dass ich zu still sei. Da kam die Mutter in die Schule und revoltierte, was sie damit meinte. Soll er die Fensterscheiben einschlagen?

Da war doch Sorge gegeben. Die Mutter wollte doch ein normales Kind, aber andererseits tat sie nicht viel dafür. Aber der Schein sollte gewahrt werden, das hatte sie von Anfang an in ihrem Schicksal gelernt.

Das Stillsein und die Zurückgezogenheit war eine natürliche Reaktion auf den Bastard. Die Ausgrenzung ist psychologische Folter. Keiner redet mit einem. Es ist ein Krieg der Kinder, die oft so grausam sein können, gerade wenn der Vorwurf im Raum steht, dass Du keinen Papa hast.

Katholizismus

Der wurde falsch ausgelegt, falsch gelebt, falsch verstanden und von der Kirche auch nicht geradegerückt. Es hieß ja auch in den Kirchenbüchern, dass wir unehelichen Kindern in Unehren empfangen wurden.

Es begann falsch und ging auch so brachial aus. Ich hatte schlechte Startchancen und die Repressalien der Umwelt waren vom Überbau, wie die Marxisten sagen, gesegnet. Da kann man sagen: Freiheit ist immer die des anders Denkenden!

Wir durften auch als uneheliche Kinder bis in die 70er Jahre kein Theologiestudium beginnen und keine Priesterweihe empfangen. Die Sünde wurde dem Kind von den Katholiken mit angehängt, was erst in den 80er Jahren geändert wurde.

Ausgrenzung im Kleinen und Großen. Die Normen sind hart, wenn man bedenkt, dass von Anfang an unter dem Deckmantel der Religion Menschen zweiter Klasse produziert werden und das nur wegen einer Formalie der Geburt.

Alle Menschen sind eben doch nicht gleich vor Gott. Es werden Unterschiede gemacht und auch im Namen der Religion wird Politik gemacht. Es ist keine Trennung von Staat und Kirche. Die Oberen spielen ihre Macht zur Stabilisierung des herrschenden Systems aus.

Ich meine, wenn man der Bevölkerung gesagt hätte, wir wären zu verbrennen, dann hätten sie das auch gemacht. Es ist schon Wut in mir, wenn ich als Bastard bezeichnet wurde. Es war ein Spießrutenlaufen.

Die Inquisition war noch da, auch wenn mit anderen Mitteln. Diffuser, psychologischer, von Kindern angesetzt, über Erwachsene angestachelt. Das Ergebnis bleibt das gleiche. Manche oben und viele ganz unten.

Ich würde mich als Katholik bezeichnen. Ich glaube an eine Götterebene, aber liebäugele am meisten mit dem Buddhismus. Ich hatte immer das Gefühl aus der Richtung des Teufels zu kommen mit den Antennen des Kindes, wenn mir so viel Gewalt entgegengebracht wurde.

Ich gehörte wohl zu den Bösen, obwohl ich mich bemühte zur Integration. Der katholische Glaube hatte meinen Platz in die Hölle gesetzt. Ich kann ihn daher heute sicherlich nicht mehr leben. Er ist mir zuwider.

Meine Mutter hatte mir auch das Gefühl gegeben, ein Tier zu sein. Mein Biest, erzogen zum Morden. Sie hatte mir gezeigt, welche Tricks angewendet zu sind zum Morden und Erwachsene auszuknipsen. Ich war ihr persönlicher Assassine, der sofort für sie tötet.

Ich war eine tickende Zeitbombe und das merkte auch die Umwelt. Der Opa wäre im Notfall auszuschalten zu sein und ich hätte es gemacht - das Messer durch die Kehle. Welche Phantasien für ein Kind und welches famose Innenleben.

Als ich stark und groß genug wusste der Opa, dass ich eine ständige Lebensbedrohung für ihn war. Einmal sagte ich ihm mit 12 Jahren, dass wenn er jetzt nicht abhaute, er dann morgen mit einem Messer im Rücken aufwache.

Die Intimitäten der Mutter hatten nicht zum Groll zu ihr geführt, sondern weiterhin war der Schutz ihrer Persönlichkeit im Vordergrund. Ein Sohn tut alles für die Mutter, auch wenn sie nicht alles für ihn tot. Man läuft immer der Liebe hinterher.

Ich musste aber wegdrücken, dass der Opa mein Vater sei. Ich durfte nicht daran denken. Es war ein Schutzmechanismus, denn sonst hätte ich ihn vielleicht in jungen Jahren getötet. Was ich nicht weiß, macht mich nicht heiß. Aber die Ahnung bleibt.

Das Ganze war eine reine Lüge. In meinem Kindertraum war ich mit meiner Oma in einem großen Wald und dann kam eine Hexe und riss mich von der Oma weg mit der Gefahr des Tötens. Dann kann ich die Maske wegreißen und immer kam eine Maske zum Vorschein. Heute klar: Es war die Mutter.

Träume sind wichtig zum Verarbeiten von Konflikten, aber man sollte nicht in ihnen stecken bleiben. Es war aber auch der Wunsch, sich zu befreien von den Masken und Lügen. Und das mit Gewalt.

Die Mutter war eine tödliche Gefahr in ihrer Geisteskrankheit, die sich später noch mehr abzeichnete. Jahrelang habe ich gesehen, wie mein Opa die Finger hereinsteckte. Es war abscheulich.

Kein Glaube half da. Keine Hilfe von außen. Alles wurde vertuscht. Ich blieb auf der Strecke. Wo sollte ich mit meinem Ärger und meiner Wut hin? Ich war schon mit fünf Jahren, als mein Bruder geboren wurde, erwachsen.

In meiner Mutter wurde hereingetreten. Ich brauchte nicht mehr zu wissen, wer mein leiblicher Vater war. Aber sie war eine Gefahr für mich und meinen Bruder. Auch als Opfer und Täter. Das konnte ich für mein Leben zumindest verhindern.

Das ist eine wichtige Erkenntnis: Besser machen als die Eltern. Aus deren Fehler lernen und das Negative ins Positive umwandeln. Aber oft ist das Leben durch das Milieu und die Gene geprägt, aber der Verstand soll auch einmal eine Rolle spielen. Die Einstellung zum Leben ist wichtig und daraus resultieren menschliche und soziale Verhaltensweisen.

Schule

Sie hat Spaß gemacht. Der Start war ein bisschen schwierig. Wir sollten das Alphabet aufsagen und ich konnte das schon. Meine Oma hat mit mir lesen geübt, meine Mutter nicht. Es wurde mir von meiner Lehrerin verboten.

Ich war sogar bei guten Leistungen ausgegrenzt wie ein Sitzenbleiber, der sich dick macht, weil er es im Vorjahr schon einmal hörte. Nichts lief positiv, außer das, was selbst in mir steckte und mich innerlich vorantrieb.

Ich wurde gebremst und das meiste langweilte. Ich schaute aus dem Fenster, was wieder moniert wurde. Ich war unterfordert. Die anderen waren zu langsam. Biologie hat mir sehr viel Spaß gemacht, auch die politischen und sozialen Fragestellungen.

Ich ergriff ja auch später einen Beruf, der beides vereinigte: Helfen an Körper und Seele. Früh zeigt sich bei jedem Menschen die Neigung, zu was er berufen ist. Es kann aber auch passieren, dass von der Sektion etwas ganz Anderes gewählt wird oder von Erwachsenen aufoktroyiert.

Ich setzte früh mich für die Gleichberechtigung von Mann und Frau ein, was daran lag, dass ich ein diffuses Bild von der Frau hatte. Ich wollte auch gegen meine Unehelichkeit und deren Folgen kämpfen.

Die Narben wachsen nicht zu, sondern impulsieren ein Blut, das kämpft. Es wird nichts verarztet, sondern mit blutigem Schwert gefightet. Wer anderen helfen will im Beruf, hat selbst Leid erfahren und sucht Anerkennung.

Ich konnte wesentlich schneller denken. Aber ein Nachbarsjunge freute sich einmal diebisch, als ich ausnahmsweise eine Aufgabe an der Tafel nicht lösen konnte. Es war das einzige Mal, dass er mich schlagen konnte.

Es war unendliche Konkurrenz, die sich da auftat. Ich hatte keine Luft zum Hochziehen. Ständig stand ich unter Beobachtung und Rivalität. Normalerweise gleicht man das durch soziale Kontakte aus, aber die hatte ich nicht, nur den Wirrwarr zu Hause.

Niemals wurde ich vom Lehrer geprügelt, denn ich schaute so, dass ich mit sechs Jahren ihn selbst totgeschlagen hätte. Ich hatte nichts Kindhaftes mehr in mir. Ich war gefeit vor Angriffen und immer merkte es die Umwelt.

So etwas zeigt sich eigentlich erst später, wenn man sich in Umgebungen bewegt, wo Gewalt angesagt ist, aber Respekt vor dem ist, der mit coolen Augen die Situation lenkt. Ich kannte von Anfang an nichts Spielerisches in mir.

Die ersten vier Jahre Grundschule waren jeweils von zwei Lehrern in zwei Klassen unterrichtet – Zwergschule. Ab der fünften wurden wir weitergeführt in eine katholische Schule, zehn Kilometer zu Fuß oder mit dem Bus.

Eigentlich wäre ja das Gymnasium angesagt gewesen von der Intelligenz her, aber ich wurde nicht gefördert. Es blieb dörflich und normhaft. Und wenn man immer mit Schwächeren zusammen ist, gleicht man sich an.

Alles war klein, ein beengter Raum, eng aufeinander, schlimm. Als Kind nimmt man das noch anders wahr. Wir hatten

Schweine, Hühner, Land, Katzen, Hund mit Mietrecht, das billig war. Eigentlich gesund mit der Ziegenmilch.

Vielleicht war das doch noch ein Mittel, gesund zu überleben, auf jeden Fall vom Organischen her. Die Natur liebte ich ja immer. Sie kann auch Kraft geben, was einem Städter oft verwehrt bleibt. Aber wehe, wenn man sich nicht in die Gemeinschaft eingliedern kann.

Sonne war wichtig für mich, aber ich blieb auch damit der Außenseiter, aber dadurch als heller Kopf hatte ich mir einen Raum erkämpft. Nur Einsen und Zweien, dass musste anerkennt werden, aber man versuchte mich, anders herunter zu machen.

Kinder können grausam sein und so erlebte ich die Schulzeit als nichts Soziales, sondern sie war der Kapitalismus, wo es Gute und Böse und Reiche und Arme gibt. Ich wollte eigentlich gar nicht in diese Welt eintreten, denn ich kannte sie schon von zu Hause.

Niemand hat mich ans Handwerk herangelassen. Das liegt Dir nicht, das kannst Du nicht. Ich glaubte auch daran. Erst später wurde es mir herausexerziert, aber Teile davon sind immer noch vorhanden.

Da werden in vielen Schulen Begabungen unterdrückt. Ein guter Lehrer sieht, wozu seine Schüler fähig sind. Aber ich war ein besonderes Blatt, das eigentlich neben dem Kopf durch seine Kraft sich gegenüber den anderen herausstellte.

Überlebenswille

Er war extrem. Ich kann ihn nicht schildern. Es laufen Mechanismen ab, dass ich mich nicht selbst umbringe. Ich halte es einfach aus, egal was kommt. Ich kann mich nicht wegmachen. Selbst die bewusste Ebene kann ich nicht aufgeben.

Was läuft da ab? Es wird gekämpft bis zum Umfallen. Es geht einfach immer weiter ohne zu reflektieren. Es ist wie im Tierreich, wenn der Löwe angeschossen ist. Er wird noch gefährlicher. Er springt nach vorne.

Im Bewusstsein dachte ich schon an Suizid, aber ich beiße mich Tag für Tag durch. Das läuft noch halbwegs bis zum 13. Lebensjahr rund, bis meine Mutter viel Captagon als Krankenschwester genommen hat. Ich bekam es schon mit sieben Jahren.

Welches Ereignis. Die Mutter selbst abhängig und verführt noch den Sohn. War das der Grund für die starken Leistungen in der Schule? Man könnte es fast meinen, denn diese Droge ist leistungssteigernd.

Es war ein Erlebnis, weil ich die Nächte mit sexuellen Erlebnissen dann wegblenden konnte. Ich musste kämpfen bis zum eigenen Zimmer. Meine Großeltern wollten, dass wir im selben Bett mit der Mutter geschlafen haben, um Männer wegzuhalten.

Es war eben nicht kindgerecht, sondern der Partnerersatz. Eine vollkommene Überforderung bis zu dem Zeitpunkt, wo es bewusst wurde und dann folgt meist der Zusammenbruch, wenn das eigene Leiden bewusst wird.

Überlebenswille ist ja auch Aggression. Es war ein rasender Kern in mir. Ich kann ihn steuern, denn ich habe mich dann in meinem Leben vor Wehrlose gestellt. Ich habe meine psychischen Pflanzen gesät und geerntet.

Wie gesagt: Sozialberufe sind zum Helfen und werden von denen ausgeübt, die oft Hilfe brauchen. Dadurch konnte die Wut kanalisiert werden in Bereiche, die nützlich waren. Eine gute Entwicklung, selbst nicht kriminell zu werden.

Kämpfen, Kämpfen, Kämpfen. Bekannte sagten, wann endlich das beendet ist. Was kommt zum Vorschein, wenn Du die Rüstung ausziehst? Das war zum Glück nie der Fall bis in die Spaltungen, wo es sich dann auf seine Weise zeigt.

Verheerend war aber das Umschwenken von Captagon auf Barbiturate. Alles Mögliche wurde in mich hineingepfiffen, mein Bruder mit acht, ich mit zwölf, alles Valium, Benzos. Was tut man da einem Kind an?

Es gibt eigentlich keine Entschuldigung dafür, so mit seinen Kindern umzugehen, aber Mütter mit Hilfs-Ich tun das sehr oft mit ihren Sprösslingen. Schnell eine Pille und Dir geht es besser. Aber dem ist nicht so.

Heute ist mir klar, dass meine Mutter sich über ihren Ehemann auskotzte und meine Großeltern ihn auch torpedierten, obwohl er als Bahnpolizist nicht dumm war und mir vom Kopf her das Wasser reichen konnte, aber auch mit Psychospielchen ein rechtes Arschloch sein konnte.

Nirgendwo war richtiger Halt. Alles war gegeneinander verfeindet. Der Bruder noch zu klein, die Mutter krank, die

Großeltern schuldig, die Verwandten nicht präsent. Da blieb nur die Flucht nach vorne in die Isolation.

Die Ehe hatte nur drei Jahre gehalten, da hatte es die Oma geschafft und die Mutter verzichtete auf Unterhalt in Möchtegernstolz. Das war sowieso eine komische Art von ihr, eigentlich Schwäche. Sie fuhr auch ohne Führerschein Auto mit Krankenschwestertracht, bis sie die Stelle aufgrund der Drogen verlor.

Das alles zeigt, wie durchsetzt die Familie von krimineller Energie war. Kein Einhalten der sozialen und menschlichen Normen, um ein wertgerechtes Miteinander zu führen. Ich beobachtete und litt, bis ich größer wurde.

Der Ehemann war weg. Aber ich weiß nicht mehr, ob wir im Bett lagen während der Ehe. Da muss doch irgendetwas gelaufen sein. Großes Loch! Nichts. Etwas Furchtbares. Ich weiß, dass ich bei meinen Großeltern schlafen musste, aber doch nicht immer.

Da ist keine Erinnerung. Etwas ganz Schlimmes zu verarbeiten. Vielleicht noch eine Vergewaltigung, die nicht hochkommen sollte? Trotz hypnotischer Therapie ist der Teil weg, wohl, weil er so gravierend ist.

Wo sind die Dreckserinnerungen? Sie werden erst dann von der Seele freigegeben, wenn man sie verarbeiten kann. Sonst wird zum Weitererleben alles verdeckt, um weiter existieren zu können. Mein Unterbewusstsein regelt das.

Die Schilderungen sind schon hart. Aber Körper und Seele sind ein Regulativ, das sich einen Weg sucht, um dem Dickicht zu entrinnen. Nicht umsonst sagt man, dass bei Psychosen keine

Analyse gemacht wird zum Schutz vor einer weiteren. Es muss ein Miteinander von Verarbeiten und Therapie sein.

Wir spielen im Rahmen der Freudianer mit Über-Ich, Ich und Es, solange bis es verarbeitbar ist. So haben wir es gelernt, analytisch fundiert. Heute habe ich die hypnotische Therapie als Schlawiner. Ich gehe nach vorne.

Egal welche Therapie, die Persönlichkeit ändert sich ja nicht. Sie wird nur anders behandelt. Das Kämpfen bleibt, denn es kam einmal eine Situation als fünf Gestalten einem den Kiefer brachen und ich schaute sie scharf an und sie wurden meine Freunde. Ich hätte einige platt gemacht.

Also nicht Suizid, sondern eher einen totschlagen oder besser es können, das spüren die anderen, wie der Lehrer, so auch Erwachsene. Das hatte mir Opa beigebracht. Wehren und Beschützen. Bodyguard wäre wohl der richtige Beruf gewesen.

Als Außenseiter hätte es zum Gemetzel kommen können, wozu es auch schon einmal kam auf dem Schulhof, wo ich einem mit dem Hufeisen die Nase brach. Nie kam einer, sondern immer mehrere. Ich war auch Einzelkämpfer.

Meine Onkel waren auch so. Einen Vetter musste ich auch einmal vor versammelter Mannschaft vermöbeln, da meine Mutter von ihm den Arm verdreht bekam und die ganze Sippe zuschaute. Ich konnte also doch zuschlagen und monierte, dass alle dies zulassen konnten.

Opfer und Täter. Trotz der Schwäche und Krankheit der Mutter ist es der natürliche Schutz ihrer Existenz in dem Wesen des Sohnes. Sie wird bewacht. Es geht oft bis ins erwachsene Alter hinein. Wird die Liebe gefunden?

Der Vetter hat mir eine Todesnarbe mit einer scharfen Hundeleine zugefügt, umgelegt und zugezogen. Ich konnte mich nur noch ein paar Sekunden auf den Beinen halten, dann war ich weg.

Die Gewalt nahm kein Ende, sie nahm sogar zu, denn es war nicht nur die Mutter oder der Opa, sondern die ganze Familie operierte gegen mich. Ich musste flüchten und ein anderes Leben beginnen.

Die Großstadt

Die Mutter nahm Barbiturate. Sie kam von der Arbeit, atmete noch, war aber vollkommen schlapp. Sie war betäubt, mein Bruder hatte Angst und schrie. Ich wusste auch nicht, was ich machen sollte. Ich rief die Oma und mein Bruder bekam dann auch Barbiturate. Ich legte mich nach meiner Portion auch ins Bett.

Jetzt war nicht nur das seelische Opfer präsent, sondern auch noch Drogen. Ich wusste wie schnell und wie die wirkten und konnte damit umgehen, aber abhängig. Das ist ein frühes Schicksal der Hilflosigkeit.

Ich hatte wenigstens nachts Ruhe, aber ich nahm körperlich ab. Das ganze Suchtzeug wurde von Opa und Oma vollkommen unter dem Teppich gehalten. Da begann ich in der Schule auch nachzulassen und wechselte diese.

War da nicht auch für mich ein krummer Lebensweg vorgegeben? Die Voraussetzungen für ein harmonisches und auch bürgerliches Leben waren nicht gesetzt. Es war zu viel Abhängigkeit, egal von was.

Ein Bekannter starb mit 14 Jahren an Tabletten, er hatte Papier intus und erstickt. Wir hatten unter der Bank gedealt. Einer ging auch in Herointherapie. Für richtiges geistiges Vorankommen hatte ich keine Unterstützung von zu Hause.

Es war die Welt der Hauptschule, die für das Dorf sprach und die Regeln festsetzte. Normen, die vielleicht für Bauern galten, aber nicht für Intellektuelle, für die ich mich von meinen geistigen Fähigkeiten hielt.

Mein Bruder ist auch hochintelligent, aber ohne Schulabschluss, jedoch mit Beruf. Ich habe dann meinen noch gemacht trotz Drogen. Nach der Schulzeit habe ich bei einer Versicherung gearbeitet, aber leider in der Buchhaltung einen Fehler gemacht, der Chef boxte mir auf den Arm und schon flog er über seinen Schreibtisch.

Da zeigte sich das Aggressionspotenzial. Versagen und Zuschlagen. Ich war jetzt in der Erwachsenenwelt angekommen, wo andere Regeln als zu Hause galten. Da musste man mit Diplomatie und Disziplin seine Ziele erreichen.

Das Lehrverhältnis war beendet. Ich hatte die Bedrohung nicht ausgehalten. Danach fing ich in der Großstadt in einem Hotel an, was sehr lukrativ war. Aber ich wurde vom Mofa durch eine Fahrerin geworfen und eine Verletzung am Auge gehabt. Das war das Ende der Tätigkeit.

Ein dienender Beruf ist besser als Kapitalismus, denn das Trinkgeld versüßte auch die eigene Freundlichkeit. Auf jeden Fall waren diese beiden Stellen der erste Weg hinein in die Sozialisation in einer Großstadt, die am meisten prägt.

Das Leben war sehr angenehm und jeden Tag 50 DM Trinkgeld und ich kam gut mit den Reichen aus. Besonders die Älteren waren auf mich gut anzusprechen und nach dem langen Biotop im Dorf wurde mir klar, dass ich wirklich anders als andere war.

War es nur die Erziehung oder mittlerweile auch die Drogen? Ich glaube beides, denn es hängt ja auch zusammen, aber ich konnte mich in der großen Welt bewegen, das hatte ich früh erkannt, aber eben anfassen durfte mich niemand.

Dann ging es richtig in die Tablettanerszene in der Großstadt mit Privatrezepten für fünf DM, also tüchtige Medikamentenabhängigkeit, denn nach vier Wochen ist ein 12-jähriger Knabe abhängig. Ich war es.

Da stand irgendwann ein Entzug schon im Raum. Die Psychiatrie lockte. Es sollte für die Beteiligten auch nicht lange dauern, bis das Damoklesschwert zuschlug. Eine Hilfe zur Selbsthilfe, wohl schon in gewissem Maße.

Die Mutter torkelte selbst im Dienst, wie andere in ihrer Arbeit, denn Betäubungsmittel ging nicht. Herausgeflogen, Kündigung, Aus. Es war das zunächst nicht das erste Schicksal der Mutter, aber sie musste für ihr Verhalten bezahlen.

Ereignis

Es war der Sonntag 1974 in unserem Fachwerkhaus mit Heu auf dem Boden zu 50 DM Miete, aber es war ein komisches Verhältnis des Bauern, der meinen Opa zu zwei DM die Stunde in der Erntezeit arbeiten ließ, jedoch mit billigem Wohnen.

Es war alles vertrackt, nichts lief in geraden Bahnen. Müßiggang ist aller Laster Anfang. Harte Arbeit tut gut, alte Sprüche, die sich aber irgendwo bewahrheiten. Wenn der Opa die Arbeit nicht früh geschmissen hätte als Frührentner, wären seine Gedanken wohl klarer.

Alles hatten sie aber modernisiert, Fußboden, Wasserleitungen, auch mit dem Geld der Mutter als Krankenschwester. Im Krieg war auch der Dachboden dreimal weggeflogen, was auch renoviert wurde.

Das eigene Heim war schon schillernd und man sollte gar nicht meinen, dass hinter dieser Fassade so Schreckliches passierte. Ich konnte mich noch gut erinnern, wie immer wieder an dem Haus gedoktert wurde, mehr als an sich selbst.

Und dann brannte die Hütte ab. Sonntags kamen immer die Vettern. Es kamen Rauchfaden von oben, so war das ganze Heu schon in Flammen und es explodierte. Die Oma schrie: Nein. Alles was die Leute an Geld hatten, ging in Rauch auf.

Ein schreckliches Ereignis, was man niemandem wünscht. Aber war es nicht auch ein Zeichen, dass die Schuld verbrannte? Die konnte eigentlich nicht verbrennen, denn sie war unendlich, aber der Hort der Sünde war nicht mehr da.

Das Haus war weg. Es kam die Feuerwehr, denn ich fuhr mit dem Mofa zur Telefonzelle, denn es war noch nicht üblich, dass man Telefon hatte. Der Zugang zum Haus war schwierig, weil nur ein Feldweg vorhanden war, der erst später geteert wurde.

Eigentlich war ich noch der Normalste unter Allen, mit gesundem Verstand und Elan und Mobilität. Aber ich konnte auch nichts mehr retten. Wieder Hilflosigkeit sprach aus mir, wie so oft in meinem Leben.

Meine Mutter rettete irgendwelche Wellensittiche, toll, aber die Familie holte auch die Betten heraus. Obwohl alles versichert ist, dann sollte man es brennen lassen. Meine Mutter hatte eine Hausratversicherung trotz Arbeitslosigkeit.

Manchmal verdient man ja auch an so einem Brand, aber es war schon ein schreckliches Ereignis. Zum Glück war niemand verletzt. Vielleicht sollte es aber auch die Möglichkeit sein, neu anzufangen. War dem so?

Die familiäre Situation mit der Mutter und den Tabletten und meine Entstellung der linken Gesichtshälfte durch den Mofaunfall eine Zeitlang. Gerade in dem Alter ist man super empfindlich, denn Kinder fragten auch die Mami, was das denn wäre.

Ich fühlte mich gar nicht wohl, denn ich war gehandicapt. Es lief nicht richtig. Was mir Spaß machte und lukrativ war, fiel weg und andere Dinge taten sich noch nicht auf plus Abhängigkeiten aller Art.

Zu erwähnen ist ein Rittergut mit Pferdezucht, Besitzerin mit Mutter, alte einflussreiche Familie mit vielen Immobilien. Sie hatten auch ein riesiges Fachwerkhaus in U-Form mit einer Wohnung, aber ohne fließend Wasser mit Brunnen, Toilette draußen, da kamen wir unter.

Echt eine neue Chance? Aber was hat man als Arbeitsloser da viel zu melden? Die ganze Familie war ja nicht in Reichtum gesegnet. Trotzdem kann ein Tapetenwechsel hilfreich sein für eine neue Form des Umgangs.

Mit den Großeltern baten sich Spannungen auf. Ich mit Opa, das hätte gefunkt. Gerade bei Barbituraten fühlt man nicht mehr viel, ohne Mitleid. Witzigerweise bekamen meine Großeltern dann die Wohnung, die sie als erste noch ohne Kinder im Dorf hatten.

Dann schien ja doch eine Lösung im Raum zu stehen, die für alle vernünftig wäre. Besser noch ich hätte im Hotel wohnen und arbeiten können. Aber das war noch Zukunftsmusik alleine auf erwachsenen Beinen zu stehen.

Meine Mutter, mein Bruder und ich wohnten dann im Wald. Da waren noch eine Tante und noch eine Frau, die mit einem Gendarmen verheiratet gewesen war. Ich fand auch dieses Verhältnis komisch, gerade im Dorf zu wohnen.

Diese beiden Tanten haben eigentlich mit dazu beigetragen, dass ich diese Kindheit überlebte. Sie sind mit mir durch den Wald gegangen, haben mir beigebracht, Kräuter, Pilze zu sammeln. Da habe ich schlafen können.

Es geht mir auf einmal gut. Es war schon abzusehen wie ein neues Milieu mit Wärme hilfreich ist, sich persönlich zu entwickeln und einfach aufzuatmen. Schön ist es auch, wenn man später dann sein eigenes Nest bauen kann.

Es ist auch die Energie zum Sport, auch wenn man einmal ausgesetzt hat. Die Energie, die da ist, muss natürlich ausreichen, etwas für den Körper zu tun. Ein gesunder Geist in einem gesunden Körper.

Ich war reiten, Tennis, Kraftsport, Fitness. Wenn ich es nicht kann, dann belastet es mich. Volle Leistung kann ich seit dem Jahr 2000 nicht mehr abrufen. Die Endorphine durch Sport heilen auch jede Depression.

Auch für die Figur ist es gut mit gutem Feedback. Ich habe keine Depression, sondern etwas Anderes, das mich kaputtmacht. Mein Körper bildet auch kein Testosteron mehr, was ich zuführen muss, das führte wieder zu Angstzuständen.

So ist aus dem schönen Wald doch Furcht entstanden, die aber heilbar ist. Der Körper wird schlaffer, aber es ist aber auch zu bedenken, was ich jahrelang in mich hineinpfiff. Und welches Kreuz mir auferlegt wurde.

Viele Ärzte verweigerten Untersuchungen. Und ohne Testosteron konnten ich keine Treppen mehr steigen oder Tüten schleppen. Ich hatte weniger in meinem Körper als eine alte Frau. Das ist auch eine Folge der jahrelangen Behandlung mit Neuroleptika.

Was man sich selbst hineinpfeift und hineingepfiffen bekommt, ist schon Wahnsinn. Es ist nicht schön für einen Menschen dies einfach auszuhalten zu müssen, aber wenn man hartnäckig wie ich ist, bekommt man auch Hilfe, und wenn man eben die Ärzte wechselt.

Der Stoffwechsel ist auf Dauer gestört, aber mein Sozialbeistand gab mir einen Rat und mein Unterbewusstsein sagt mir, dass ich Hilfe, da die selbst heilenden Kräfte nicht funktionieren. Amphetamine waren nie mein Ding. Es geht auch nicht mit Alkohol. Natürliche Bremse!

Waren es die Erfahrungen aus der Kindheit, die diese Bremse einbauten. Man sieht die Umwelt einfach abstürzen und das hält noch wach. Das tue ich nicht, es ist schädlich für mich. Opa und Mutter waren stets in meinem Leben präsent!

Ich wollte nicht männlich werden, weil der Opa schrecklich soff und aggressiv war. Ich habe eine Sperre und das auch bei späteren Partnern, die tranken. Ich werfe sie heraus. Ich brauche das nicht in meinem Leben.

Es ist eine gesunde Abgrenzung gegenüber der Sucht anderer und der eigenen Sucht, die ja auch noch sozusagen befohlen wurde. Es ist ein Teufelskreis, der sich nur schwer aufpröseln lässt. Ich muss stark sein, um bestehen zu können.

Was ich aber für mich brauche, ist meine Leistungsfähigkeit. Ich möchte meinen Computerführerschein, der in 47 Ländern anerkannt wird. Weiter arbeiten im Zentrum für angewandte Hypnose in Erweiterung zu meiner Ausbildung im Pflegedienst.

Konkrete Ziele, die aber eingeschränkt sind durch die eigenen Fähigkeiten. Erstens spielt das Alter eine Rolle und zweitens die Lebensgeschichte, die ja gerade geschildert wird. Man kann die eigene Psyche nicht ausziehen wie ein Chamäleon seine Haut verändern.

Mein Therapeut, der mich zwei Jahre kennt, ist überzeugt, dass ich gut bin in Sachen Heilung. Das habe ich auch in meinem Leben schon bewiesen. Es würde mir Spaß machen und ich gehe auf das Ziel zu.

Andere Mütter

Vieles wurde vertuscht, so dass die Tanten aus dem Haus wegzogen, weil sie mitbekamen, was meine Mutter mit uns anstellte. Sie sagte mal wieder, dass sie sich umbringen wolle, was ein Fehler war, strack mit Tabletten bewaffnet in den Wald.

Es nahm kein Ende. Jetzt ohne Großeltern, aber einer kranken Mutter, die nur Probleme bereitete, keinen Halt gab, was Kinder brauchen. Nur die Natur rettete mich, bis heute habe ich Gedanken daran.

Wir wohnten mitten im Wald. Wenn ich aus dem Schlafzimmer schaute, war da eine Waldwiese mit Schlüsselblumen und einem Bach mit Stichlingen, darüber Felder. Ich arbeitete auch auf dem Gestüt. Verrückte Welt für sich.

Diese Natur gibt mir Kraft gegen das Schicksal der Belästigung. Es ist eine Art Flucht vor den Schanden des Hauses. Irgendwo muss jeder sein Refugium finden. Ich war zum Waldmensch mutiert.

Die Besitzer haben ein Herrenhaus und amerikanische Luxusschlitten, ganz abgedreht. Viel Bedeutung für den Ort. Mein kleiner Bruder war an dem beschriebenen Tag vollkommen in Panik, geklautes Geld und bei Spielsachen versorgt.

Die Schizophrenie zeigte sich auch an der Umgebung. Arm und Reich. Krank und Gesund. Da musste eine kriminelle oder psychisch kranke Karriere entstehen. Die Ersatzmütter sind wichtig, aber nur eine Notlösung.

Als sich zeigte, dass meine Mutter sich wirklich mit Tabletten umbringen wollte, da wurde sie ins Landeskrankenhaus eingewiesen, biss den Pfleger noch in eine markante Stelle und war dann mit Beschluss für 18 Monate weg. Tür zu!

Jetzt hatte es geknallt. War das eine Rettung für die beiden Brüder, oder sollte es noch schlechter werden? Mieser geht eigentlich nicht mehr, so dass das Beste zu hoffen war. Aber durch die Drogen waren schon Spuren da.

Das war auch dringend notwendig. Ich war 17 Jahre, mein Bruder kam in eine Pflegefamilie mit kaltem Entzug, nicht angenehm. Bis zum 18. Lebensjahr lebte ich im Wald mit Vormund, der mich 14 Tage ins Landeskrankenhaus einsperrte, aber die konnten nichts feststellen, da ich von Junkies mit Tabletten versorgt wurde.

Es war kein offenes Spiel, sondern viel weiterhin Vertuschen, ob ich oder Bruder, wir spielten nicht mit offenen Karten, was man von Jugendlichen auch nicht immer erwarten kann. Aber weg von der Mutter, jedoch nicht von den Medis.

Im Krankenhaus haben sie mich so zugepumpt mit Neurocil und ähnlichem. Ich hatte Angst, Isolation, furchtbare Nähe mit 20 Betten. Ein Typ wollte mir an die Wäsche, aber ich hatte eben Schutz.

Der erste Psychiatrieaufenthalt ist immer der schlimmste. Es geht nicht menschlich zu, sondern man ist eine Akte nach Diagnose und Medikamenten. Nicht umsonst sagte zu der Zeit noch jeder in der freien Wirtschaft, dass man so eine Episode auf jeden Fall verheimlichen solle.

Ich musste immer Barbiturate besorgen in meinem Wald. Aber mir wurde klar, dass ich etwas tun musste. So schleppte ich mich mit letzter Kraft zur Diakonie, einer Suchttherapie, mit extra einem kleinen Haus für Jugendliche.

Es war eine reife Entscheidung, wenn man selbst nicht mehr weiterweiß und Hilfe braucht. Zum Glück waren Ende der 70er Jahre die Suchtkliniken schon fortschrittlicher und gingen gerade auf Jugendliche ein.

Das erste Mal mit Gleichaltrigen, mit denen ich zu tun bekam. Ich begriff, dass mein Leben nicht normal war. Die Therapeuten, auch Ersatzmütter haben mir das Leben gerettet. Ich wurde 19 in der Therapie und hatte weiter engen Kontakt über 20 Jahre.

Es ist einfach ein Krückstock notwendig, wenn man so eine Lebensgeschichte hinter sich hat. Die frühe Einsicht plus ein gutes Verhältnis zum Therapeutin können alles bewegen. Schwerer haben die es, die alles aufgrund ihrer Intelligenz ablehnen.

Mein ganzer Schrott wäre mit einer Therapie gar nicht zu schaffen gewesen, sondern es war notwendig, dass das Therapeutenpaar mich weiter begleitete. Es wurde alles besprochen, aber nicht, dass der Opa der Vater war.

Der Vater war ja eigentlich ein anderer, ein Nestei. Somit wurden alle in gutem Glauben gehalten, nur wussten oder ahnten es eigentlich alle, auch die Mütter oder Ersatzmütter, aber niemand wollte mir den Schock versetzen.

Mein Opa kam einmal weinend zu mir, dass er seinen Namen mir geben wolle. Aber es war das Letzte, was ich haben wollte, war sein Name. Es ist schon schlimm genug, dass ich seinen verdammten Vornamen in meinem drin habe.

Es hätten doch spätestens dann die Alarmglocken läuten müssen. Aber die Wahrheit ist schon schroff. Wie sagte einmal ein Therapeut, die Wahrheit ist die beste Lüge. Aber die Aussage stimmt nicht immer. Es wäre und war verheerend für mich.

Der Nachname ist der Mädchenname meiner Mutter, denn sie hatte als Pflegekind ihren Namen behalten, denn für Adoptivkinder gibt es kein Geld. Die Familie meines Bruders war nur bestückt mit Pflegekindern.

So überwiegt nicht die Liebe, sondern mehr das Geld. Es ist eben ein Staat, der sich auf dem monetären Zufluss aufbaut, aber trotzdem kann man im kleinen Kreis Zuneigung finden und es sollte sowohl mir, meinem Bruder und auch spät meiner Mutter gelingen.

Liebe

Als meine Mutter 60 Jahre alt war, hat sie eine alte Jugendliebe ausgebuddelt, von dem ich gar nichts wusste. Er war Musiker, seine Frau verstorben und hatte sich auf die Suche gemacht. Über die Gemeinde, das Krankenhaus hat er sie gefunden.

Spätes Comeback, aber es kann hilfreich sein, denn eine gute Partnerschaft hilft über die Leiden hinweg. Gerade wenn der Mann um die Frau kämpft und sie ausgräbt. Wer kann da noch Nein sagen?

Aus ihrer Slumgegend war es ein Glück diesen Mann kennengelernt zu haben, denn mein Bruder wäre auf jeden Fall im Knast gelandet, wenn er nicht von der Mutter weggekommen wäre. Die Beziehung hielt vom 60ten bis 67ten Lebensjahr.

Man kann auch einmal Glück haben, wenn einem das Leben so gebeutelt hat. Und wenn es erst mit 60 Jahren ist. Its never to late for breakfast. Nimm sollte man nach dem Aufstehen das Frühstück vergessen.

Sie hatte ein tolles Leben, Auto, drei Kleiderschränke. Er hatte sie auf Händen getragen. Auch mit Leberkrebs ist sie mit einem Lächeln gestorben, wie mein Bruder sagte. Ich sah sie als Leiche nicht, denn sie hatte mir im Sterben gesagt, sie wolle nicht mit mir sprechen.

Luxus auf der einen Seite, aber das ungewollte Kind sollte nicht mit einer Versöhnung belohnt werden. Das war ihr dann doch zu viel. Es war immer Ablehnung im Raum.

Meinungsverschiedenheiten können ausgeräumt werden, aber wenn sie zu tief stecken, eben nicht.

Mit dem letzten Atem sagte sie mir, dass sie mit mir nichts zu tun haben will. Ich bin etwas Anderes. Auch der Bruder hatte nie Liebe zu Hause gespürt, erst im Kinderheim zu einem Erzieher, ohne sexuellen Übergriff.

Ohne Liebe aufzuwachsen ist schwer, aber jedes Kind sucht sich Ersatz. Es ist zwar nicht die vollkommene Lösung, aber es kann funktionieren. Mein Bruder lief da runder als ich. Ich litt unendlich.

Für meinen Bruder war es mit dem Erzieher zum ersten Mal das Gefühl der Zuneigung. Wie ein Postpaket wanderte er von Heim zu Pflegefamilien. Ich hatte schon durch die Therapie das analytische Denken.

Die Sozialbeistände können auch eine Hilfe sein, obwohl man immer sehen müssen, dass es ihre Profession ist, also gegen Geld wird gearbeitet. Wenn die Therapie beendet ist, bemerkt man oft, wie schnell das Verhältnis einschläft.

Mein Anwalt sagte, dass wenn mein Bruder sich nicht so langsam am Riemen reißt, wird er kriminell, aber zum Glück kam da eine Freundin ohne Heirat. Aber da kam eine super aussehende Krankenschwester, die sich zwischen die Beziehung stellte und rief über die Straße: Ich will diesen Mann!

Der Bruder war besser dran als ich. Er konnte mit der Mutter sprechen, funktionierte und hatte Chancen bei Frauen, letztlich das, was eine Männlichkeit ausmacht. War da nicht auch Neid zwischen den Brüdern?

Die Neue war jünger und konnte den geliebten Bruder anhimmeln, um ihn dann später abzuservieren. Mein Bruder hatte endlich einen Festvertrag als Rettungsassistent nach vielen Jahren der Leihverträge.

Aber es war irgendwie ein normales Leben, mit allen Höhen und Tiefen. Das Gewissen schlummerte, aber er hatte wenigstens nicht wie ich die Abneigung gegen die Frauen als Komplex meiner Muttereinstellung.

Bei mir ging es eigentlich beruflich als Sublimierung weiter, meine Liebe. Nach der Therapie wurde ich angenommen in einer Altenpflegeschule mit Vorpraktikum. Es war ein schlimmes Heim mit Bestrafung der Leitung.

Der Sozialscheiß wie die Familie sagte, war mein Leben. Ich konnte das ausgleichen, was in mir kaputtgemacht worden war. Soziale Geschenke sind etwas Schönes, wenn man es als Berufung sieht.

Ich machte mein Examen in Altenpfleger und bot mit als erster private Altenpflege an, sehr erfolgreich, mit viel Spaß und Erfolg. Eine gute Zeit, auch wenn die ganze Zeit anstrengend war. Vormittags Schule, mittags Arbeit, das war heftig.

Ich fand Anerkennung und so machte mir die Belastung doch wenig aus. Die Gefahr ist immer nur des Ausbrennens, wenn man die Grenzen nicht mehr spürt. Heute spricht man von Burn-Out, was es damals noch gar nicht gab.

Der Beruf musste anerkannt werden, das war ein Kampf. Denn Kurzausbildungen sind nicht ausreichend, während ich drei Jahre gelernt hatte. Heute ist das Einmaleins des Berufes nicht mehr gefragt, aber ich werde den Beruf nicht mehr machen.

Sich von einer Berufung zu trennen ist immer schwer, aber wenn es nicht mehr geht, muss man Halt und Stopp sagen. Ich kann es heute! Meine Therapie hat mir gezeigt, dass es Besseres auf dem Markt gibt, auch dem sozialen.

Ich könnte es auch nicht mehr. Mein Unterbewusstsein sagt: Nein. Es ist nach dem Mobbing nicht mehr möglich, Schweißausbrüche, Zittern der Hände, totaler Gedächtnisverlust. Das Ende meiner Kräfte zeigt sich schon beim Sprechen darüber.

Gut, wenn man den Halt findet und letztlich Neues im Auge hat. Die Umwelt hat mich immer drangsaliert und ich reagierte auch symptomatisch. Ich bin kein Führer in dem Bereich, wenn auch Visionär, aber andere können mich aus der Bahn werfen, was in der Familie begründet ist.

Opa

Mir gegenüber ist er nicht auf die Pelle gerückt. Er war immer nur hinter meiner Mutter her. Er war übergewichtig, ein kleiner Mann, Brillenträger, an einem Auge die Pupille außer Form, dunkelblond. Und immer Frührentner mit Beschäftigung rund ums Haus.

Der typische Sexualtäter? Wie sieht der eigentlich aus? Sicherlich war die Mutter für ihn attraktiv, um seine eigenen Defekte zu kompensieren. Aber bei sexuellen Übergriffen geht es auch um Macht, die man sonst im Leben nicht hat.

Er kümmerte sich um die Schweine, Ziegen, was aber immer weniger wurde. Es gab auch keine Supermärkte, sondern „Tante Emma" Läden. Er war eigentlich ängstlich vor Autoritäten und empfand sich als kleiner Mann. Er traute sich nicht an die Großen.

Das ist eben das typische Bild eines Pädophilen. Angst und Kompensation bei Kindern. Das macht Spaß und zeigt eigene „Stärke", auch wenn sie dem anderen wehtut. Bei seiner Umwelt hatte er nichts zu melden.

Alles in der Umgebung war CDU-Wähler, während er SPD wählte. Aber man ging nicht zur Kirche, schon aus der Angst, dass dann das ganze Geheimnis hochkam. Die Angst vor Schwächeren hatte er nicht.

Es unterschied ihn einiges von seinem Milieu und er wurde gedeckt. Sonst hätte er seine Spielchen nicht treiben können. Es war zwar kein Inzest, aber eigentlich auch „Blutschande" bei Pflegebefohlenen.

Seine Wut und Aggression hat er im Suff an den Frauen ausgelassen, das war auch bei Onkeln auf Veranstaltungen, sich mit Ausländern zu kloppen. Das war verinnerlicht. Dissozialität stand an erster Stelle.

Gerade der Alkohol ist ein gutes Schmiermittel, um sich Frauen und Gehassten gefügig zu machen. Der Opa war vielleicht auch Produkt seiner Umwelt, aber irgendeine Entschuldigung ist das nicht. Die Oma hätte da noch Einfluss nehmen können, tat es aber nicht.

Eben nicht der Opa ist in den Kriegswirren losgezogen, etwas zu Essen zu organisieren, sondern die Oma. Es ist unerklärlich, warum sie nicht Partei für die Mutter ergriffen hat. Aus irgendwelchen Gründen hat sie nichts gemacht, sondern hat dafür gearbeitet, dass meine Mutter keine Beziehung aufbaute.

Vielleicht wollte sie den Opa loshaben, an etwas Jüngeres verschachern. Eigentlich wieder unglaublich, aber so sieht es aus. Wollte sie eine Tochter für den Ehemann? Eine Theorie, die überdacht werden muss.

Auf einer Hochzeit hat die Mutter mit einem Mann getanzt. Die Oma hat mich losgeschickt, mit dem Hinweis dem Mann in die Waden zu beißen. Ich rann los und tat es mit Milchzähnen. Das war schon bösartig.

Es mag einiges für die Theorie sprechen. Der Opa sollte die Mutter haben. Es war in der Familie legalisiert. Nicht im Dorf, obwohl die es auch wussten. Vielleicht sah man mich mit der Mutter und Bruder als Menschen zweiter Klasse an.

Die jahrelange Unterdrückung, das Trinken und der Krach des Opas mit Hilferufen im Dorf zogen mich schon sehr herunter

und es war eben nicht kindgerecht, sondern als „Erwachsener"
die Mutter gegen einen Koloss zu beschützen.

Mutter

Meine Mutter sah blendend aus. Sie hatte nie Selbstbewusstsein und schaffte es nie wegzuziehen, auch als sie verheiratet war. Ich verstand es nicht, da ja so beschissen behandelt worden war. Es war bis zur Seelenvernichtung, selbst zum Anbau, mickrig.

Aber es spricht eben dafür, dass zum Opa mehr als nur sexuelle Verbindung war, sondern auch emotionale. Sie wollte Liebe, bekam sie aber nur in Übergriffen. Ich hätte mir gewünscht, dass sie uns geschnappt hätte und weit weg gezogen wäre.

Doch Emotion trotz Wehren, aber einmal habe ich sie erwischt, dass der Opa ihr die Hand unter den Rock schob und sie sich nicht wehrte, sondern am Elektroherd festhielt. Dann flogen sie auseinander.

Da war mehr als pure Vergewaltigung, was auch die Oma und die Brüder oder Onkels wussten. Da war eine Beziehung gereift, die den Kindern nur schwer verständlich sein kann. Aber es ist so. Selbst geschlagene Frauen von ihren Männern lieben ihn trotz Gewalt, denn sonst würden sie ihn verlassen.

Wir hatten gar keine Chance für Sexualleben. Wir hatten gar keine Möglichkeit. Wurde sie mit 12 Jahren vergewaltigt oder mit 14. Der Opa war ein Kinderschänder, an mich eben nicht. Ich wüsste nichts. Alles, was der repräsentierte, war mir zutiefst unangenehm.

Ich entwickelte mehr Abneigung als die Mutter. Ich war ja auch derjenige, der die Obhut übernahm. Das war meine Aufgabe, auf die Mutter aufzupassen und ihr Entscheidungen abzunehmen, was sie mir aber nie dankte. Diffus!

Ich verabscheue auch meine Ähnlichkeiten zum Opa von der Genetik her. Zum Beispiel der Finger mit Sehnenverkürzung und die Augen. Die Ähnlichkeit ist einfach zu groß. Ich möchte eine Augenoperation machen, wenn ich das Geld habe.

Aber den Vater kann man nicht herausschneiden. Es ist ein Fakt, so schlimm es ist. Es fehlt dann aber auch an Selbstakzeptanz, sich selbst zu lieben, mit Seele und Körper. Wenn ich morgens in den Spiegel schaue mit den Augen, schummert mir.

Der Spiegel ist ewiges Leiden, denn ich bin ein Produkt von Gewalt. Ich hatte keine Eltern, die sich auf mich freuten, sondern eben ein Produkt von Gewalt. Da spricht bei allem die Genetik aus Dir. Ich versuchte nur in meinem Leben, immer das Gegenteil vom Opa zu sein.

Selbsterziehung ist schon wichtig. Die Eltern können abschrecken, aber oft fällt man ins gleiche Fahrwasser, was hier nicht der Fall ist, sonst wäre Schlimmeres passiert als eine gute bürgerliche Existenz.

Das ist gut und schlecht, und habe immer das Gegenteil gemacht. Erst mit 18 Jahren ging ich zur Opposition gegenüber der Mutter. Ich hatte einen Nervenzusammenbruch, hin und her gerissen in der Liebe zur Mutter und meiner Erkenntnis, dass sie am Elend an uns schuld war. Die Tante sagte, dass sie so etwas nur bei Menschen erlebt hätte, die aus dem Krieg zurückgekehrt waren.

Ich war ja auch Einzelkämpfer, der viel Kraft verlor und stets nach Liebe und Anerkennung sann, aber vollkommen gespalten aufwuchs. Die Leitbilder mussten negiert werden, der kleine Bruder war auch noch zu beschützen.

Ich betäubte mich wieder mit starken Barbituraten bis zum nächsten Tag. Aber es tat mir wieder leid, die Mutter nicht beschützt zu haben. Ich hielt es für Liebe, aber es wäre eher totale Aufopferung, mein Leben in ihren Dienst zu stellen.

Liebe ist ohne Vorleistungen. Liebe braucht man sich nicht zu erkaufen, sonst ist sie eigentlich Prostitution. Die Ehefrau kann die größte Hure sein, wenn sie sich den Liebesdienst erkaufen lässt und das typische Versorgungsdenken hat.

Ich war immer nur für sie da bis zu meiner Therapie. Die Mutter war auch so geschickt, dass sie meinen Bruder, der nicht so fanatisch auf sie getrimmt war, bis weiter über 20 an sich binden konnte. Er hätte aber auch nie Liebe gefühlt.

Wie sagt man zu Kindern, dass wenn man sie als Eltern in der Hand hält wie einen Schmetterling und zu fest zudrückt, dann hat man nur noch Staub. Geben und Nehmen muss in gesundem Verhältnis stehen, aber dafür waren die Voraussetzungen einfach nicht da.

Ich habe immer das Gefühl eines stillen Traurigseins. Es betrifft mich. Keine Liebe, keine Hoffnung, kein Frieden. Meine Mutter wollte auch keine Aussöhnung. Sie gab mir auch Schuld, dass ich ab 21 Jahren nicht mehr mit ihr ging, sondern mein eigenes Leben aufbaute. Wie mein Bruder, der durch seine Freundin gerettet wurde.

Es sind eben die Vorleistungen, die von Kindern gefordert werden, die zu einer totalen Überlastung führen. Zum Glück fanden beide Jungs den Absprung, sich aus der

Umklammerung zu befreien, sonst wäre noch Schlimmeres im Leben passiert.

Selbst im Sterben sagte sie mir noch, dass ich mich wegmachen solle, sie nicht mit mir etwas zu tun haben wollte. Sie hatte mich abgeschrieben und meinen Hund getötet. Sie war teilweise äußerst brutal.

Eine kalt dominierende Mutter ist die Vorlage bei schwachem männlichem Umfeld für eine psychische Erkrankung im schizoiden Bereich des Kindes. Beim Bruder brach es nicht aus, aber bei mir.

Sie war zwar schmal, aber durch die körperliche Arbeit sehr kräftig, selbst einen Sack Korn auf der Schulter die Leiter hochtragen. Selbst extreme Beanspruchungen, z. B. in der Kieferchirurgie als Krankenschwester, konnte sie bewältigen.

War sie ein Mannsweib? Vom Wesen sicherlich, vom Aussehen drahtig. Es gibt auch Mütter, die noch im achten Monat mit ihren Kindern in den Kirschbaum klettern. Hoffen sie abzustürzen? Vielleicht schon im Unterbewusstsein.

Meine Oma hatte eben ein Mädchen bekommen mit Hospitalismus. Die Mutter zog auch in Schlägereien auf Festen, da hatte sie keine Skrupel. Selbst mit einem Tennisschläger drangsalierte sie einen Jungen, der ins Fenster geschaut hatte. Sie hätte ihn umgebracht.

Gewalt erzeugt Gegengewalt. Actio und Reactio. Ich spürte es in der Kindheit, konnte mich aber später selbst umpolen. Ich machte es besser, obwohl die Fähigkeiten zum Töten selbst vorhanden waren.

Die Leichen im Krankenhaus hatte die Mutter ohne Zögern weggesteckt, knüppelhart bis hin zur Mörderin. Selbst der angewiesene Suizid war vorgetäuscht, uns unter Druck zu setzen, sie hatte viel zu wenig Medikamente. Sie rechnete nicht mit der Psychiatrie.

Es gibt auch Mütter, die einfach neugeborene Katzen im Klo runterspülen können. Der Vater kann es dann nicht. Das schildert eine schizoide Familie. Es ist eben alles verkehrt herum. Die Frauen haben die Hosen an und der Vater nagt an der Bierflasche.

Ich stand vollkommen allein in der Welt, andererseits es hat mir das Leben gerettet. Ich wäre keine 20 Jahre alt geworden durch die Medikamente. Die Belästigungen des Opas gegenüber der Mutter waren 1974 durch die neue Wohnungssituation zu Ende.

Da hätte sie mich packen sollen und wir wären abgehauen oder ins Kinderheim, was zwar auch nicht schön ist, aber immer noch besser. Die Mutter war total überfordert und eigentlich hätte man nur mit Gewalt die Situation lösen können.

Der gordische Knoten

Es ist schwierig, wenn man nie ein anders Leben kennengelernt hat. Ich kann vollkommen afrikanische Kindersoldaten verstehen. Ich hätte es genauso gemacht, um eine Lösung zu finden. Ich hätte den Opa getötet wie in türkischen Familien, um die Ehre zu retten.

Welches Gewaltpotenzial, was aber nie richtig explodierte. Die Probleme waren eigentlich nur dadurch zu lösen, dass ich wie ein Krieger den Knoten mit dem Schwert zerschlug, um für mich eine Rettung zu finden.

Erst durch die analytische Therapie dachte ich in anderen Bahnen. Ich bin nicht abartig, die anderen waren die Schweine. Gott sei Dank war ich anders, denn so wie die wollte ich nicht sein. Ein Spielkamerad sagte mir mal, dass keiner will, dass man mich besucht.

Die Ausgrenzung ist soziale Isolation, eine Folter, die wie bei den RAF-Häftlingen mehr wirkt als körperliche Züchtigung. Ich war kein Freiheitskämpfer, aber versuchte immer meine Rechte durchzusetzen.

Selbst meine Großeltern wollten keinen Kontakt. Kinder bekamen das mit wegen der Atmosphäre. Ich wusste nur, dass keiner mich wollte. Einer kam näher an mich ran, der dann mit 18 Jahren am Strick starb, selbst betroffen.

Es war schon kein schönes Leben. So völlig in sich gekehrt mit der Notlösung Mutter, die wie alle hilfsbedürftig war. Ich löste meine Probleme eher mit der immanenten Gewaltausstrahlung. Mir kann keiner etwas: Ich mache euch platt!

Mein Bruder hatte aber auch keinen Freund. Es kam niemand. Die Mutter hatte eine Affenliebe, keine Liebe und das sagte eine Verwandte, die dann mundtot gemacht wurde. Es blieb im Dorf eigentlich nichts geheim, aber es wurde nicht darüber gesprochen.

Zum Glück wurde die Problematik ja dadurch gelöst, dass die Mutter später in Behandlung kam und die Söhne ihre eigenen Wege gehen konnten. Da war der Knoten geplatzt und durch die Therapie wurde mir wirklich geholfen.

Die Nachbarin hatte spät noch einmal geheiratet und hatte gewusst, dass bei uns einiges im Argen lag. Aber es war immer Distanz. Niemand sagte etwas. Auch die Onkel wussten es, alle. Nichts zu verstecken in ländlicher Gegend.

Ein Kind ist dann hilflos und kann sich die Kraft nur ohne Schutz der Eltern nehmen. Und obendrein die Mutter schützen. Die Überforderung war immanent. Da gehört Wille oder Drogen dazu.

Aber ich wurde nie Täter, super, denn schnell ist die Grenze überschritten. Meine Hilfe war wie gesagt die Therapie. Meine Therapeutin war meine geistige Mutter, was ihr aber auch Spaß gemacht hatte.

Von der leiblichen war ja nichts zu erwarten, so dass der psychische Rahmen den Knoten platzen ließ. Und das zum Guten. Mein Bruder war gefährdeter, fand aber durch seine Frauenbeziehungen die Kurve zum Bürgerlichen.

Ich sah aus wie ein Engel, schlank, sehr lange blonde Haare, blauäugig. Androgyn. Alle bauten mich zum Mädchen um, durch Kleidung oder innere Eigenschaften. Aber ich konnte mich noch so anstrengen, ich wurde keine Frau.

Ein starker Mann in der Form, die die Familie liebte, gerade die Oma, die sich ein Mädchen wünschte und enttäuscht von der Mutter. Da wurde wieder doppeltes Spiel gespielt. Leidtragender war ich.

Sexualität

Ich war attraktiv, aber eben nicht zu Frauen. Da blieben nur Männer. Ein dicker Seemann mit 16 Jahren, der mir den Mund zuhielt. Ich habe mich instinktiv ganz dick gemacht, sonst hätte er mich umgebracht. Das war Mord. Ich dachte, ich sterbe. Schmerzhaft und Todesangst.

Ich war ein Jüngling, der wie die Mutter unter dem Ruf der Vergewaltigung stand. Aggressive Männer nutzten das aus. Wie der Opa, so schlich sich das Leiden weiter. Ich musste dieselben Empfindungen erleiden.

Sexualität ist tief im Menschen verankert. Sie sucht sich ihren Weg, wobei der zu Frauen mir verschlossen war. Ich ging einen Umweg. Ich fühle keinen Hass und keine Liebe zu meiner Mutter. Sie hat bezahlt für alle Taten an meinem Bruder und mir. Wenn der Buddhismus stimmt, muss sie noch einige Leben dranhängen.

Ich wurde nicht Täter, sondern weiter Opfer. Ich konnte mich nicht richtig ausleben, auf jeden Fall nicht so, wie ein normaler Mann. Zunächst war mir die Frauenwelt versperrt. Aber sind unter den erwachsenen Homos Gleichgesinnte zu finden?

Meinen Bruder konnte ich vor leichten Übergriffen schützen. Die Knutscherei blieb, die ihm aber auch zuwider war. Mit acht Jahren bekam er schon Barbiturate, hochintelligent mit Verwahrlosung und gehänselt in der Umgebung.

Aber der Bruder lief einen anderen Weg. Er wurde normaler. Er funktioniert auch bis heute. Er hatte nicht so zu leiden, auch wenn Drogen und Sexualität nicht glatt liefen lassen, was ihm später im Leben widerfuhr.

Der Bruder war in alter Wäsche, weil er sich nicht mehr anfassen lassen wollte. Die Lehrerin hatte das aber nicht mit der Mutter besprochen, sondern vor der Klasse. Der Bruder ließ sich nicht einmal mehr zur Schule prügeln.

Mein Bruder fand andere Abwehrmechanismen, eben ein richtiger Junge, gewieft, wobei wohl für beide der Intelligenzgeber die Mutter war. Der Opa nicht ganz doof, die Oma in Stellung bei reichen Leuten. Durch meine Oma hatte ich den Einblick in eine andere Welt.

Ich weiß nicht, ob sie eine Ausbildung hatten. Das war auf dem Land damals auch nicht so wichtig. Sie lebten unter und von dem Großbauern. Bildung hatte die Oma auf jeden Fall, sonst hätte sie mir vor der Schulzeit nicht schon das Zeitunglesen beibringen können.

Die sexuellen Übergriffe durch meine Mutter waren manifest, bis sie sich meinen Bruder schnappte. Schrecklich, selbst verkaufte sie mich an den Seemann. Der hatte bezahlt. Welche Kindheit. Es war eine Isolation und ein ewiges Kämpfen um die Zuneigung der Mutter.

Hoffnungslos, die ging ihren Weg und benutzte ihre Söhne nur. Aber sie war auch eingeschränkt in ihrem Umfeld, das sie beherrschte. Sie war an der Schnur gezogen der Abhängigkeit bis zu dem Alter, wo sie den richtigen Mann fand. Drei Generationen, die um Hilfe schreien mit Echo von den Bäumen.

Der Wald

Die Natur war sehr wichtig für mich. Da habe ich im Wald seelische Kräfte aufgetankt. See, Fische, Blumen. An diesem See als Trinkwasser, da war für mich Frieden. Ich bin auf Eichen geklettert und habe auf ihnen geschlafen.

Die Natur ist stärker als der Mensch. Sie kann nicht nur vernichten, sondern auch dem Menschen helfen. Man kann Gefühle zeigen, die sonst nicht präsent sind. Manche, auch die Indianer, haben Bäume umarmt, um Kraft zu tanken.

Geborgenheit, keine Angst im Wald. Ich arbeitete später auch als Holzfäller. Ich war Berufsreiter, arbeitete mit Menschen, die noch einen ganz anderen Bezug zur Natur hatten. Leider musste ich auch Nazis pflegen, einen als Privatsekretär von Himmler.

Der Wald gehört eben allen, den Guten und Bösen. Man kann seine eigenen Laster vergessen, aber auch die von Tätern, die einem die Seele rauben. So vergaß ich meine Mutter. Der Opa war auch nicht präsent. Ich lebte auf.

Schlimm waren die Gestapoleute, die beschimpften. Wildeste Runen. Den Patienten kann man sich nicht auswählen. Ich wäre nicht nach deren Aussage nicht überlebenswert im Reich gewesen. Manche gingen auch mit der Klientel wie mit Kindern um, was falsch war.

Töten auf Befehl war kein Kinderkram. Mit ihrer Schuld mussten sie ins Grab gehen. Ich konnte mich da distanzieren, allein schon aufgrund meines eigenen Werdegangs. Ich hatte genügend Übel erlebt.

Ich sagte nie: Wir nehmen unsere Tabletten! Jeder ist seines Glückes Schmied und hat Verantwortung zu tragen. Die Natur löst dann die Probleme auch mit dem Tod, wenn er eben natürlich ist.

Gewalt und Intelligenz

Ich war immer mehr oder weniger mit mir allein. Mein Bruder konnte nichts mit mir anfangen, bis heute. Ich habe früh angefangen zu lesen. Kein Mensch konnte sich erklären, woher meine Sprache. kam. Ich sprach nicht wie meine Umgebung. Ich spreche die Sprache der Bücher.

Das war die erste Abgrenzung von der Familie, beim Äußeren, was arrogant wirkte. Nur nicht dessen Schicksal, nur nicht so werden wie die. Ich näherte mich allein durchs Sprechen der Oberschicht.

Man konnte mich nicht finden hinter Unmengen von Büchern. Ich war Multi-Tasking fähig und nur gelesen. In zwei Tagen war ein dicker Wälzer weg. In meiner Familie las keiner anderes als Groschenromanen, wie meine Mutter.

Die Bildung ist ein guter Weg, um sich in der Gesellschaft zu etablieren und sich für Wissenschaft zu interessieren. Bildung ist ein hohes Gut und hat mich auch davor bewahrt abzurutschen. Mein Lesen war umfassend in alle Richtungen.

Meine Tante las das Goldene Blatt und das Geschenk des Karl May lehnte ich ab. Die Männerwelt konnte ich mir nicht antun. Ich hatte alle Bände, weg. Es war Gut und Böse. Medizin, Geschichte, Biologie interessierte mich und gut gemachte Science-Fiction.

Warum nicht Karl May, die jeder Junge liebt, auch die Spielfilme. War es zu brutal, Hi-Hi? Es zeigte sich schon die homosexuelle Ader, die da nicht vorkam. Aber es gab ja genügend Felder, wo ich mich austoben konnte.

Wenn ich überlege zwischen den Jahren 1970 und 1980 ist Science-Fiction schon von der Realität überholt worden. Es gab schon gute, so war ich jemand, der sich Berufe suchte und dann schaute, ob ich die gut schaffe.

War ich nicht selbst ein Überirdischer? Auf jeden Fall Anders als Andere. Das führt oft zum Erfolg, wenn man die richtige Linie findet. Es wird im Vertriebstraining Erwachsenen wieder beigebracht wie Kinder auf Menschen zugehen, eben fragend, frech, ohne Konventionen.

Wenn mein Beruf oder Job lief, da hatte ich keine Herausforderung mehr. Ich war Springer mit kniffligen Jobs. Ich war immer in Führungspositionen, aber eben nicht lange. Ich war sehr gut in meinen Berufen mit hohen Gehältern.

Wie ein Manager, der immer nur aufräumt und dann abgibt, wenn der Laden wieder läuft. Es ist schon faszinierend wie Menschen aus ihren Schwächen Stärken machen können. Wenn eben nicht einmal das hochkocht, was so verletzt hat.

Prokurist, Zahntechnik, Lebensmittelbranche, alles habe ich erfolgreich absolviert, aber die Beziehung machte mich nach Trennung herunter und dann ging ich wieder in die Pflege und dann wieder leitend.

Welch bewegtes Leben würde der Staatsanwalt sagen, wenn es vor Gericht geht. Es entstand nie Ruhe, es war immer Hektik vorhanden, keine Luft zum Ziehen von neuer Kraft. Das macht auf der einen Seite stark, auf der anderen anfällig.

Ich hatte Stress pur und heute arbeite ich mehr oder weniger halbtags. Extreme Erschöpfung trotz neurologischer

Behandlung. Tavor schmeiße ich langsam heraus. Ich habe keine Panikattacken oder Angstzustände mehr.

Die Gewalt geht nach innen und die Intelligenz hat er sich selbst angeeignet. Ich bin ein Unikum, für den es keine Lösung gibt, auf jeden Fall nicht auf den ersten Blick. Die Zeit ist ein wichtiger Faktor in der Medizin und nicht nur dort.

Ein Arbeitskollege wollte es gar nicht mehr absetzen, aber ich sehe es anders, aber schlagartig würde ich auf dem Zahnfleisch gehen. Ich konnte nicht mehr existieren ohne Tavor. Weil das Testosteron zu niedrig war, vollkommene Schlappheit und Angst.

Mein Körper ist nicht mehr gesund durch den jahrelangen Medikamenten- und Neuroleptika-Missbrauch. Ich muss etwas tun, um wieder fit zu werden, zumal ich keinen intensiven Sport mehr betreibe.

Es war ein kleiner Schlaganfall, Hände zitterten, Panikattacken, 14 Jahre Gebrauch von Tavor. 20 Jahre zwischen 1978 und 1998 habe ich keine Medikamente genommen, dann fing es an mit Neuroleptika.

Sonst hätte ich meine Leistung auch nicht im Beruf so erbringen können, wenn ich ständig zugedröhnt gewesen wäre, aber heute ist meine Belastbarkeit nicht mehr so ausgeprägt. Ich fühle mich einfach schlapp.

20 Jahre kein Alkohol, keine Schmerzmittel, nichts. Nicht einmal Branntweinessig. Die Menschen haben nicht akzeptiert, dass ich nichts trank. Damit war ich wieder außen vor. Besonders an Schützenfesten und Silvester.

Wieder Außenseiter, obwohl gesund. Die Umwelt ist trinkend, im Rausch und ich nicht. Ein schönes Gefühl für einen selbst immer im klaren Kopf zu sein, aber man ist nicht einer von vielen, sondern einer von wenigen.

Alle haben getrunken, selbst die Tierärztin, die ein Auge auf mich geworfen hatte, lud mich selbst knapp bekleidet zum Baden ins Nachbarhaus. Das war nicht schlecht. Sie verordnete sich meist selbst Captagon ohne besoffen zu werden, um eine Flasche Sekt zu trinken.

Da waren schon Frauen an mir interessiert. Ich war ja auch ein schnatzer Jüngling, aber eben mit Frauen noch unerfahren bis zu der Beziehung der Dreierteilung mit dem anderen Geschlecht in meiner ersten 10-jährigen Homo-Ehe.

Eigentlich sollten uns die Frauen ein Kind ausbrüten. Meine manipulativen Kräfte waren so ausgeprägt, dass ich das schon hinbekommen hätte. Auch beruflich hatte ich die Entscheidung getroffen, den Berufsbetreuer bis zur Rente zu machen.

Es war eben nichts gewöhnlich, sondern alles außergewöhnlich. Nichts entsprach dem Standard. Für alles musste ein neuer Begriff erfunden werden. Wie sagte einmal eine Therapeutin zu ihrem Schützling: Damit Sie einen Job finden, muss der Geschäftsführer entlassen werden.

Als ich zusammenbrach, war alles kaputt. Heute ist die Frage, was ich noch gesundheitlich machen kann. Ich brauche Schlaf, um acht Stunden arbeiten zu können. Eine medikamentöse Einstellung über Zeit, wenn ich auf mein Unterbewusstsein höre.

Die Zeit der Medikamente – speziell der Neuroleptika - ist im Grunde vorbei, auch der Barbiturate oder Sonstigem. Ich konnte nie mit ihnen umgehen, hauptsächlich, weil ich sie schon als Kind verabreicht bekam.

Persönlichkeit

Die Barbiturate machen kalt bis 1978. Andere Drogen waren nicht so entscheidend. Ich war aggressionsimpulsiv. Man fühlt nichts mehr, was ich auch wollte. Alkoholiker bleiben dagegen noch Menschen.

Cool und starr. Das waren die entscheidenden Punkte, die mir halfen mit meiner Lebenssituation zurecht zu kommen. Meine Mutter hatte sie mir verabreicht, aber es war eine Stütze im Lebenskampf.

Auf eine merkwürdige Art war ich eben kalt und unmenschlich. Ich hätte mit einem Knopf die Menschheit ausgelöscht. Mein Traum war eine Insel mit zig Literatur, wo mich alle in Ruhe lassen. Wie Mike Oldfield, der auch einmal mit seiner Musik verrückt wurde.

Die einsame Insel als Eremit ist vieler Jugendlicher der Traum, um allem zu entfliehen, wenn man seit Kindheit immense Probleme hat. Aber es ist eben nur ein Traum, denn niemand kann wie Robinson Crusoe alleine leben. Es ist eine Mär.

Irgendwo brauche ich mein Brot, ich brauche die Zivilisation. Später liebte ich die Zivilisation. Ich konnte in der Therapie mit Jugendlichen das erste Mal nicht mehr weg. Ich hatte hohen Druck, Nähe schadete mir zunächst.

Mit Menschen umzugehen muss man lernen. Es braucht eine lange Reife. Therapeuten können es auch nicht mit 20. Studium und Erfahrung gehören dazu. Ich brauchte noch länger und bin erst jetzt auf dem Weg, Menschen wirklich seelisch helfen zu können.

Ich hatte eine brutale Therapie, Angst, dauernd Spiegel. Man hielt es nur aus, wenn man ganz knallhart vorhatte, sein Leben zu verändern. Es gab viele Rückfälle. Ich war stabil und es war Feierabend mit den Drogen.

Die Arbeit an sich selbst ist etwas Hartes, es braucht mehr Energie als arbeiten zu gehen. Für mich war Feierabend. Ich war mit 19 clean und konnte mein Leben gestalten. Nicht immer bewusst, aber mit Erfolg.

Das Drogendilemma hielt fünf Jahre. Meine Mutter hat unbewusst etwas „Gutes" getan, um mit mir die Lebensumstände zu überleben. Mein Bruder kam so richtig nie von den Drogen los. Er hat viele Leben als Rettungssanitäter gerettet.

Aber ich habe Leben verlängert oder umgänglicher gemacht. Beide ergriffen wir soziale Berufe, um uns auf unsere Weise an der Umwelt zu „rächen", indem wir Gutes taten, auch gegen die Mutter. Widersprüchlich, aber wahr.

Mein Bruder arbeitet Tag und Nacht. Bei Freizeit trinkt er jeden Tag Alkohol und nimmt Spaßdrogen wie Pilze und Kokain. Die Tabletten ließ er aus Furcht vor Kindheit weg. Er funktioniert, aber was passiert, wenn er zur Ruhe kommt?

Das Schicksal des Bruders ist unreflektierter. Ihn hat es auch nicht so bös erwischt. Er war immer ein echter Lausbube, der sich durchs Leben kämpfte, von daher nimmt er das, was ihn leistungsmäßig pusht.

Ich kann ihn nicht retten, wir telefonieren manchmal zwei Jahre nicht. Als ich mich von ihm trennte, schnitt es mir ins

Herz, aber anders hätte ich nicht überlebt. Meine Mutter wollte keine Therapie machen, obwohl ich es ihr riet.

Ich habe richtig gehandelt, auch wenn die Trennung schmerzhaft war. Ich musste die beiden alleine lassen, auch mit Aufschrei, aber so konnte ich mein Leben drehen, in eine Richtung, die vorwärtsging und nicht nach hinten.

Als ich meine Ausbildung machte, ging ich noch kellnern und gab ihr Geld. Sie flog aus der Wohnung, weil ich die Gelder einstampfte, dann ging sie arbeiten und ich war der böser Mensch. Ich war über Jahre Hilfs-Ich und Co-abhängig.

Da wird sexuell missbraucht, der Opa muss auch in Schach gehalten werden und beim ersten Verdienst musste ich abdrücken. Das ist kein Sohn-Mutter-Verhältnis, sondern die Grundlage für Prostitution.

Mit meinem ersten Freund, den ich in Erschöpfungstherapie kennenlernte, mit dem ich auch Dreierbeziehungen mit Frauen hatte, lief später dasselbe Spiel. Ich tausche Mutter gegen Partner und finanzierte ihn auch.

Nun gut, in Deutschland geht es eigentlich nur ums Geld, aber letztlich muss auch der Stolz beibehalten werden und das Rückgrat nicht brechen. Wir werden noch sehen, wohin das sexuelle und finanzielle Durcheinander führte.

Zehn Jahre seit 1981 und dann war eine große Liebe im Bereich der Frauen ab 1993, die Litauerin und Dolmetscherin war plus Vize-Weltmeisterin im Turmspringen. Sie arbeitete für Holzfirmen und mein erster Freund fragte, ob sie bei mir wohnen könnte.

So ergab es sich eben BäumchenWechselDich nach Erfahrungen. Eigentlich doch eine Bisexualität, die sich nach allen Seiten offenlässt, aber mit stark homosexueller Tendenz. Ich wollte eben kein Mann sein, obwohl ich meinen Körper durch Fitness darauf trimmte.

Plus Ausdauersport, ich war voll fit und wir passten zusammen. Sie sollte eigentlich Schwimmerin, aber weil sie nicht lang genug, wollte sie erfolgreich auf Turmspringen umtrainiert. Es stand auch an, dass ich nach Litauen sollte und sie wollte ein Kind, was bei mir Panik auslöste.

Also wieder Durcheinander in der Gefühlswelt. Beziehungsfähigkeit ist auf jeden Fall gegeben, aber mit welcher Richtung und in welcher Einstellung und Verhaltensweise. Da war der Kopf nicht klar, das Unterbewusstsein schmorte.

Mir war es noch nicht bewusst, aber Familie, Kind, ich bekam Angst vor der Verantwortung, was mir heute noch wehtut. Danach kam ein neuer Freund, der mit einer Kurdin zusammen war, auch ohne bisherige zu einem Mann, wie der erste Freund.

Ich konnte also in der Sexualität wirklich manipulieren und mich präsent machen. Ich hatte es in der Therapie gelernt und war gewieft darin, Männer und Frauen für mich interessant zu machen. Eigentlich eine Eigenschaft als Voraussetzung zum Millionär.

Die Initiative ging zwar von ihm aus, aber es wurden sieben Jahre daraus bis zu meinem Zusammenbruch, alle Daten habe ich nicht mehr im Kopf. Ich will sie wohl nicht mehr wissen, auch wenn meine Mutter verstarb. Ich muss alles nachschauen.

Die eigene Geschichte ist nicht verlustloser zu machen, indem man sie negiert. Mutter, Bruder, Freunde, weibliche Partner, sie gehören zum eigenen Leben. Man muss dazu stehen, was gelaufen ist und Lebensschlüsse ziehen.

Mit meinem Freund wohnte ich auf dem Dorf in der Nähe der Großstadt und ins Südwestdeutsche kam ich durch einen Freund in der Therapie „Sucht und Psychose". Das war hart, aber locker in der Wiederaufnahme nach Rückfällen.

Komischerweise ergaben sich Freundschaften und lange Beziehungen gerade in Therapien oder durch unkonventionelle Umstände. Aber vielleicht doch nicht komisch, denn die therapeutische Situation öffnet.

Ich war in dunkler Stimmung, alles in Kleidung in schwarz und mein neuer Freund war Maniker, bis meine Abwehr zusammenbrach. Heute ist er nicht mehr so leistungsfähig durch die Medikamente, aber irgendwann brach damals mein Damm.

Nichts bewusstes, sondern den Hormonen preisgegeben. Für die therapeutische Situation ist eine Beziehung nicht gut, weil man ihr entgleitet. Die beiden werfen sich zusammen und verlieren ihre Richtung der Gesundung.

Ich nahm mir von Anfang vor, dass mein neuer Freund sein Verhältnis zur Mutter ordnet, um ihn in die Welt – sein eigenes Leben – zu schubsen. Heute werfe ich oft heraus, wenn er Drogen nimmt, egal über AWO oder Betreuer.

Bei der Doppeldiagnose Sucht und Psychose ist eigentlich Ende der Fahnenstange, es gibt auch nur zwei Kliniken in

Deutschland. Da will sich keiner mehr mit beschäftigen. Das sind auch Extrema, die schwer zu behandeln sind.

Der hatte mich wirklich gepackt, was auch andere Patienten sagten, dass ich durch mein Äußeres abschreckte. Wir waren dann wie Dick und Doof. Er wollte eigentlich nichts Sexuelles von mir, er sagte, ich wäre unästhetisch, aber wir wollten zusammenbleiben.

Ja warum dann bei eigenen Problemen mit einem Maniker. Das ist nur schwer verständlich. Gut, ich habe mich lange gewehrt, aber von Ratio da nur eine geringe Spur. Wie gesagt, Beziehung schadet der Therapie.

Ich war im Super-Gau, ich hatte nur noch einen kleinen Koffer und mit meinem neuen Freund konnte ich in eine Villa im Südwesten ziehen zu seiner Verwandtschaft. Viele Zimmer plus Swimming-Pool.

Da war die Not der Antrieb für einen Wechsel. Eigennutz vor Solidarität, obwohl sie gemeinsam marschierten, aber eben doch nicht richtig als Paar. Halbe Sachen sind manchmal gefährlicher als ganze.

Der Bruder des Freundes machte es wirklich schmackhaft und wir zogen ein, aber es hatte psychologische Hintergründe. Fußbodenheizung, Kameras, mit Rottweiler, was mir auch entgegenkam, da ich 20 Jahre einen hatte.

Da konnte ich vom Umfeld gesunden. Es war 2006 und mein schlimmstes Dilemma war hinweg. Ich konnte wieder langsam, so oft wie in meinem Leben wieder Luft ziehen. Die Manie schwappte nicht auf mich über, obwohl ich diese Diagnose auch schon hatte.

Wenn ich wieder ein Hund habe und auch Katzen, dann bin ich wirklich wieder gesund. Rottweiler und Siam. Meine Liebe zu Tieren ist durchgehend. Mein Kater ging sogar an der Leine und der hatte sogar drei Autos verkratzt, selbst im Bett des Nachbarn war er. Ich hatte auch Angst.

Da sieht man neben der Natur, dass auch Tiere uns Menschen überlegen sein können. Sie zählen ja auch zur Natur und wir sind so degeneriert, dass trotz Abstammung aus dem Tierreich wir eigentlich nur unseren Kopf benutzen können, und wenn der defekt?

Ich gab ihn später ab und hat tatsächlich einen anderen Kater getötet. Auch außergewöhnlich. Katzen sind aber weniger domestiziert wie Hunde. Die Katzen bilden auch Katzenkreise als intelligente und soziale Tiere. Sind wir nur Nahrungsgeber oder sind sie auch aufs Herrchen fixiert?

Katzen sind die besseren Menschen, denn bei Krankheiten stehen sie zu einem. Sie sind nicht ehrlich und benutzen keine Lügen. Auch Hunde sind ja menschenbezogen und abrichtbar, nicht nur vor Gefahren, sondern auch als Hilfe.

Will ich wieder die Region wechseln. Es hängt von der beruflichen Entwicklung ab. Fit und Hypnoseausbildung, dann gehe ich weg, auch wegen meines Freundes, neue Ecke, neuer Anfang. Ich brauche einen Raum, wo ich von der Schwingung her glücklich bin.

Die Stimmung und auch die Gefühlslage sind ganz wichtig, um einen Neuanfang zu wagen. Es ist eben nie zu spät, egal in welchem Alter, wenn man noch Kraft spürt etwas zu bewegen. Die geistige und körperliche Vitalität ist wichtig.

Einmal unter der Dusche hat sich mein Therapiefreund doch sexuell mir angenähert und ich wurde nach so vielen Jahren Zölibat schwach. Das kann er geschafft haben, aber es ist keine gleichwertige Partnerschaft.

Menschlich verständlich, aber eben doch nicht so vernünftig, wenn man nicht wirklich liebt, und die Klette dann nicht mehr wegbekommt. Ich ließ mich gleiten und hatte die Vorteile seiner Familienbande.

Ich dachte auch immer, dass sich irgendetwas mit seinem Mitstreiter in der Wohngemeinschaft ergibt. Aber der hat trotz anderer Verhaltensweisen eher eine Homophobie. Er hat Angst vor der Homosexualität wie ich vor der Heterosexualität.

Eine unterdrückte Homosexualität kann seelisch krankmachen. Das findet man in vielen Therapien. Wenn sich einmal der richtige Weg gefunden hat, sind auch die Angstbarrieren im Leben aufgelöst, die soziale Norm im Hintergrund.

Die Eltern erziehen zur Angst. Tunten, Schweine. Wenn man so getrimmt ist, wird vieles blockiert. Viele Männer brachen sich sogar um, weil Frauen gar nichts sagen, sondern Männer. Bei dem Mitbewohner scheint das auch so. Er ruft zig Mal an, aber konkreter wird er nicht.

Aber gibt es nicht einfach nur auch Männerfreundschaften ohne Sex. Wahre Liebe gibt es sowieso nur unter Männer, ist ein Spruch. Man muss nicht schwul sein, um echte Kameradschaften zu pflegen.

Die Eltern ließen bei meinem jetzigen Freund auch nicht zu, dass er eine Freundin hat. Bei mir lief alles umgekehrt, aber trotz Homosexualität entwickelte ich Emotionen und

Körpergefühle zu Frauen. Ich schämte mich, obwohl die alte Freundin sich nichts sehnlicher gewünscht hatte.

Ich bin bisexuell, alles mitnehmen, was erregt. Es gibt ja auch einige, die den Mann spielen, behaupten, nicht schwul zu sein. Schon eine verkehrte Welt. Und komischerweise, heute laufen die sogenannten Szene-Kneipen hervorragend gegenüber anderer Gastronomie. Homo und Bi ist aktuell.

Ich habe einmal gelesen, dass das Fleisch den Körper belehren lassen soll. Ich will auch begehren, ob Männer oder Frauen. Das machte mein Leben schwierig. Aber der Körper bestimmt die Bedürfnisse, wir sind organisch.

Ich habe Kindheit im Beruf verdrängt, was mir aber nicht so gelang wie meinem Bruder. Ich reflektiere mich mit Hinterfragen, warum mache ich das oder jenes, analysiere, was ich auch nicht mehr ablegen kann.

Die 20 Jahre Therapie kann ich nicht mehr wegleugnen. Ich bin sensibel und weiß auch vieles über mich, aber den richtigen Sprung zu schaffen, ist immer schwierig. Es rumort und all meine Ecken und Kanten kommen zum Vorschein.

Beide Therapeuten haben einen hohen IQ von über 130, sie haben mir beigebracht, dass ich tiefer ticke, ohne es wirklich zu zeigen. Es macht der Welt Angst. Aber sie wie ich fühlen es. Die Psyche kann auch durch Therapie nicht beherrschbar sein. Wer das als Therapeut glaubt, lebt im Wahn.

Einerseits hat mir die Arbeit an mir geholfen, andererseits halte ich auch Abstand. Ich hatte ja auch meine Arbeit, die mir über vieles hinweghalf und mir die Erfolge ermöglichte zu einem normalen Leben, wenn auch mit Narben.

Nichts ist so undurchschaubar und steckt vor Überraschungen wie der Mensch. Du kannst nie einen Menschen vollkommen kennen, wie Watzlawick sagte. Es ist eben die Anleitung zum Unglücklichsein.

Die Sozialpsychologie ist da weiter als die reinen Therapeuten, weil sie Menschen auch im Umfeld sehen. Der Mensch ist nicht rein von Genen bestimmt. Er bewegt sich in einem Milieu, das ihn prägt und dass er bestimmt.

Ich will noch so vieles lesen, nach der Zeit, wo ich es nicht mehr konnte. Ich versuche es, aber es bleibt bei ein paar Seiten. Nichts geht mehr rein. Eine schlimmere Behinderung. Am Leben halte ich mich am Computer.

Die Schreib- und Leseblockade ist auch eine Form der Sperre des Unterbewusstseins. Zuerst wird der ganze Müll heraufgeholt und dann kann das ES ein Weiteraufbau von Problemen verhindern. Ich muss zuerst das Alte verarbeiten, bevor Neues durch Lesen und Schreiben hinzukommt.

Aber ich hoffe, es kommt, dass nach dem Unterbewusstsein das Buchlesen wieder möglich wird, denn das ICH hat nur eine dienende Funktion und ist ein kleiner Teil. Hypnose funktioniert nicht nach Freud. Es ist wie beten für mich. Ich hoffe auf eine Wunderheilung.

Und eine sanfte, denn die Freudianer arbeiten im Unterbewusstsein mit Gewalt, was mich vollkommen aus der Bahn riss. Es ist eine Vergewaltigung durch Beherrschen der Patienten. Nun bleibt jedem Patienten die Richtung überlassen, wie er sich behandeln lassen will und welche ihm guttut.

Die Träume sind auf jeden Fall wichtig und eines muss man sagen, dass ohne Freud die heutige Psychoanalyse nicht existiere. Von der Person und Einstellung ist vieles zu bemäkeln, denn der Mensch besteht nicht nur aus Geld und Sex und spaltet sich auch manchmal, was auch behandelt werden muss.

Spaltungen

Die erste bewusste Spaltung ist im Badezimmer, wo meine Mutter und ich gespielt haben, wo sie mich hochhebt und dann weiß ich noch, dass ihr Lachen nicht eins mit dem Tollspiel waren. Ich weiß noch, dass ich meinen Kopf nach rechts drehte und die grünen Kacheln aufgemalt waren. Ich war unendlich traurig und meine Lebendigkeit als Kind zerbrach.

Es war der erste Abwehrmechanismus des Kindes. Eine abgespaltene Welt wie eine Prostituierte an die Decke zu schauen, wenn sie ihr Geld ohne Emotion verdient. Wie schlimm das für ein Kind, kann man sich kaum vorstellen.

Mein Strahlen und Lachen in den Augen ist in dem Augenblick bei mir zerbrochen und kam nie wieder. Weiter kann ich mich nicht mehr erinnern. Eine Schlimme Traurigkeit bis zu einem tiefen dunklen Loch. Da hat eine andere Persönlichkeit mit Mutter gespielt, damit ich nicht kaputtgehe.

Es ist die frühe Psychose, aber hilfreich, um zu überleben. Aber sind nicht immer psychische Erkrankungen auch eine Maßnahme mit Kränkungen besser umgehen zu können. Körper und Seele sagen Stopp, so und nicht weiter: Du musst etwas tun!

Die Spaltung hielt nicht lange an. Das dauert nur so lange, wie der Sex mit der Mutter lief, vielleicht ein paar Stunden. Es ist eine Hilfsperson, wie ich sie empfand. Ich bin aber der König der Spalter.

Mein Gott, wie habe ich das überlebt? Eben mit einer zweiten Person, die das machte, was das Kind nicht will und was ihm nicht guttut. Die Mutter schien nichts zu merken, aber fragen kann man sie heute nicht mehr. Vielleicht hatte sie keine Antennen zu ihrem Kind und sah nur ihre Befriedigung.

Die Spaltungen waren die Möglichkeit größten seelischen und körperlichen Schmerz auszuhalten. Gewalt auch an der Mutter in der Familie. Ich konnte es dann ertragen. Das Unterbewusstsein kriegt alles mit, das Bewusstsein ist durch die Spaltung lädiert.

Es ist schon erstaunlich, welche Wege der Mensch im Inneren gehen kann, um sich zu schützen, aber das Kind kann noch nicht weglaufen, sich trennen wie ein gesunder Erwachsener. Obwohl bei seelischen Erkrankungen auch oft Trennungsangst mitspielt.

Das Unterbewusstsein gibt nicht alle Erinnerungen frei, weil man dran kaputtgehen kann. Da habe ich viel in der Hypnose gelernt. Der Missbrauch ritt mich von einer Spaltung in die nächste bei normaler Therapie, was erst durch meinen jetzigen seelischen Begleiter aufgelöst wurde.

Keine eindeutige Persönlichkeit, der aber auch durch seine Wechselhaftigkeit manipulieren und repräsentieren konnte. Er kann Menschen umgarnen, Erfolge in der Kommunikation haben, bis zu dem Punkt, wo die Schläge der Erinnerung zu stark wurden.

Mit Psychologik war mein Problem nicht lösbar gewesen, ewige Medikamenteneinnahme, kein lebenswertes Leben. Früher wühlte meine Vergangenheit ständig. Lieber in sich schauen als Suizid. Ich fühlte Trauer und Scham. Wenn man dann diese in der Gruppe bearbeitet, kann sie weg sein, aber bei Missbrauch klappt das nicht.

Die klassische Therapie ist überfordert. Und leider dann auch die Therapeuten. Die Tiefenpsychologie schadete da mehr als sie positives bewirkt, denn man muss bedenken, dass nicht nur ich mich spaltete in frühester Kindheit, sondern auch meine Mitpatienten.

Muttermissbrauch in jungen Jahren, schon im Mutterbauch, wo sie mich wegbeten wollte, ist nur heilbar durch das Unterbewusstsein. Alle die es mit klassischen Methoden probieren, werden vernichtet. Meine abgespaltenen Teile haben so gut funktioniert, dass ich eine multiple Persönlichkeit war.

Das ist ja zunächst nicht schlimm, denn jeder Mensch ist mehrdimensional, aber sollte man Erinnerungen nicht psychisch wegspalten, indem andere Elemente aufgezogen werden. Jedoch ist es bei Missbrauch die einzige Chance des Überlebens, und dann am besten tief im Keller.

Die Spaltung geht automatisch, aber ich merkte, wenn andere Menschen vor mir Angst hatten, dann nahm ich auch wahr, dass etwas in mir nicht in Ordnung ist. Ich war immer still, nicht aggressiv von meinem Verhalten her, denn durch die gigantische Wand der Stille kam nichts heraus.

Ich habe mir selbst eine Sozialethik auferlegt. Das war auch mein Glück, vielleicht half mir da auch die Homosexualität, das zahme Leben. Inwieweit die Aggressionen dann nach innen gehen, ist in den vielen Ängsten und Blockaden zu sehen.

Ich hatte eine englische Art, die Beherrschung der Gefühle. Ich träumte auch von einer Explosion mit blutigem Fuß, irre, Schuhe, die im Meer fließen mit Füssen drin. Ich war heftig mit 17 Jahren unterwegs.

Noch heute merkt man das bedächtige, das Gentleman-Like, immer zuvorkommend, aber doch nicht richtig akzeptiert. In der Spaltung merkt man ja auch eine Unberechenbarkeit, die aber vom Über-Ich gut gesteuert war.

Ich habe mit dem Konzept der multiplen Persönlichkeit immer meine Schwierigkeiten, ich habe da auch Schelte bei Kritik bekommen. Der Mensch ist aber nicht nur eine Linie, was ich auch glaube. Durch die Gewalt wird in das Kind messerscharfe Raubtierkrallen gerissen und die Psyche wird zersplittert.

Das ist ein gutes Bild, es wird zerrissen. Es ist Ohnmacht zu fühlen durch Kräfte, die stärker gegenüber einem hilflosen Körper sind. Es ist nicht nur die erste Hilflosigkeit des Kindes, das es eigentlich bei Ehescheidungen empfindet, sondern brachiale Mutternarben.

Brutal, extrem hart von jemandem, der sein Kind lieben muss. Niemand hält den Schlag zurück. Es gibt eine verletzte Seele, eine kranke, aber eine zersplitterte ist eigentlich kaputt oder tot. Jedoch ein Baby hat auch Lebenskraft, weil das Leben unendlich stark ist.

Welche Energie steckte in mir, den Weg zu finden, der mich aus dem dunklen Tunnel herausfinden lassen sollte. Einfach in der Dunkelheit weitergehen, bis Licht kommt. Nie aufgeben. Nie zurückblicken. Einfach drauflos.

Die Natur zeigt auch, wie ein Löwenzahn die Asphaltdecke sprengt. Oder ein Säugling aushalten kann an Krankheiten mit einer Frequenz bei allem, was mir geschah. Der kleine Körper überlebte auch den Keuchhusten.

Wo ein Wille ist, da auch ein Weg. Und wenn es eben nicht anders geht, sprenge ich die Wand vor mir, ohne jemanden zu verletzen. Der Mensch muss aber immer Mensch bleiben. Mich rette auch meine soziale Ader.

Leben und ich bin verankert jenseits von Leben und Tod und daher kann ich mich auch nicht umbringen. Ich halte es aus bis zuletzt. Jetzt macht es auch keinen Sinn mehr. Mein Lachen kommt wieder. Meine Energie geht weiter in meine Verwandten und Bekannten.

Das Leben kann so schön sein, wenn man den richtigen Weg gefunden hat und sich auch trennen kann, sowohl von Personen als auch Regionen als auch Überzeugungen, die nicht mehr weiterhelfen.

Die Wellenbewegungen verändern unser Leben, was schön ist. Das unschöne Beispiel ist Hitler, der das deutsche Volk ewig prägen wird, oder andere Diktatoren. Eine absolut gleiche Welle ist tot, diejenigen, die ständig anders sind, denen fehlt die Beständigkeit – immer neue Kicks.

Da ist von einem notwendigen Mittelmaß zu sprechen, das auch manche Therapeuten Patienten mit starken Gemütsschwankungen beibringen wollen. Es gibt auch Medikamente dieser Art, die trotzdem noch tiefe Trauer und Freude zulassen.

Es vielen verschiedene Spaltungen, manche die begannen und wieder aufhörten. Man kann nicht sagen, dass die Spaltung nach der sexuellen Belästigung in der Badewanne aufhörte. Ich kann mich auch einfach nicht an die Zeit meiner Mutter mit Ehemann erinnern. Da muss etwas passiert sein.

Nicht alles ist abrufbar. Die Spaltungen helfen zu vergessen und eigentlich ein zweites Ich aufzubauen, das existieren kann. In der Hypnose wird es hochgeholt, was ich auch noch einmal bearbeiten will.

Da müssen Schuljahre, Weihnachten in der Ehe gewesen sein. Ich kann unmöglich alles vergessen haben, wo ist der Mann? Er hat einmal eine Tür gestrichen und noch falsch mit Rügen der Familie. Wie alt war mein Bruder, als sie geschieden wurden?

Ich stelle mir bewusst die Frage, warum die Erinnerungslücke ist. Wurde mir und dem Bruder da auch Leid zu geführt? War die Mutter entlastet? Was spielte sich ab? Oder war es eine glückliche Zeit für mich, die meine Spaltung gar nicht mehr wahrnahm oder negierte?

Irgendwann kam der Tag, da ging der Mann mit dem Koffer. Das Unterbewusstsein darf von jener Zeit etwas wissen. Ich habe auch die Sexualität weggespalten. Ich hatte Angst vor Mädchen, trotz allen Begehren bei allen Jungs.

Jeder ist bis zum ersten Mal unsicher. Aber da spielt auch die Erziehung eine große Rolle. Das Elternhaus prägt die Sexualität. Aber ich war ein „Mädchen" bis zu meinem ersten Mann, der dann auch Frauen erlaubte.

Die Frauen wissen auch ja noch nicht alles, was auf sie zukam. Ich als Schwuler besorgte dann für die sogenannten Schaumzäpfchen, jucken und schlechte Verhütung. Das ist ja groß, aber ich meinte, es kommt auf Dich noch größerer zu.

Heute kann man darüber lachen, aber es war eben keine normale Entwicklung. Immer die dienenden Berufe, immer

Liebesdienste, die ich von Anfang an lernte. Erst als junger Mann lernte ich mich richtig durchzusetzen, aber bei Liebe war ich wieder altgeprägt.

Erst bei einer Kollegin schlug mein Körper bei einer Frau zu. Aber vollkommen gespalten. Wie meine Kleidung, Vorbild Emma Peal im Fernsehen, Männer schlagen. Der typische Mann wollte ich nicht sein.

Wie gesagt, ich war so gemacht und Außenseiter in meinem kleinen Biotop. Ich war anders und daher war ich der Mann, zu dem die Mädchen sich ausweinten. Ich konnte ihnen ja nichts sexuell. Ich war genauso gespalten wie das Dorf mit seinen vielen Nebenstraßen neben dem Dorfkern und dem Wald, wo wir abseits wohnten.

Eben keine richtige Linie, sondern abhängig von der Umwelt. Keine ausgesprochenen Ziele und Prioritäten, keine Familie mit Kindern, sondern den Ballast des Dorfes und des eigenen Heimes. Die Mutter mit ihrer Vergeltung schwebte über Allem.

Die Dorfspaltung hat sich im Südwesten ähnlich gestaltet. Eine Hauptstraße, mit links und rechts. Ich hoffe auf den Wald mit Hecken und Blick bis zum Horizont. Die Landschaft ist wie im Herr der Ringe, hügelig wie im Teutoburger Wald.

Wählt man sich die Gegend oder den Wohnort nach der eigenen Gemütslage oder Persönlichkeit aus? Spiegelt sich die Seele darin? Ohne Wald bin ich verloren, weil ich mich nicht selbst finde. Es hilft mir, mich zu naturalisieren.

Bei 600, 700 Meter ist ein Bergchen mit mehr Schnee. Schon auch ein Unterschied bei Flussüberschreitungen. Meinen Bach konnte ich bei Überflutung mit dem Schlauchboot frappieren, besser als in jedem Videospiel.

Viel zu wenig leben die jungen Leute in der Natur. Sie können selbst die Füße nicht mehr benutzen, wie Fahrlehrer sagen. Zwei Stunden Internet, eine Stunde Handy, drei Stunden Fernsehen, der Intellekt geht herunter.

Ich habe die Natur mit Frieden, Sicherheit und Schönheit verbunden. Sie gibt Kraft und wichtig für traumatisierte Kinder. Auch Allergiker können auf einem Biohof gesunden. Allergien werden gemacht als psychische Erkrankungen, auch Asthma.

Die Natur gesundet. Sie hilft. Die Stadt ist vom Menschen gemacht und kann in der Industrialisierung töten. Sie produziert Geld, die Natur grüne Umgebung und grün ist die Farbe der Hoffnung und im Regenbogen immer in der Mitte.

Mit der Natur kann man tolles machen. Ich zehre immer noch Energie aus der Kinderzeit im Wald. Heute fahre ich mit einem Freund in die Natur. Die Kameradschaft ist altbewährt aus alter Diagnose der Schizophrenie, wo ich ihn als Sozialbeistand bekam.

Das sind schon Möglichkeiten, die helfen und genutzt werden sollten. Alleine die soziale Verkümmerung ist oft aufzuhalten, wenn man Interessen in der Gegend nachgehen kann. Jeder Kranke soll auch soziales Wesen bleiben.

Das Netz der Gleichgesinnten ist wichtig, um aus der Isolation herauszukommen. Wo findet man die Kontakte? Es tut schon weh, wenn man nicht mehr der erfolgreiche Pflegedienstleiter ist. Ich war durch meine Krankheit nur noch angewiesen auf mein Café für psychisch Kranke.

Aber ist wirklich bei den Kontakten nicht wichtig, den Zugang zu den Normalen zu haben. Denn wenn zwei Kranke sich zusammentun, dann muss einer die Krankheit des anderen tragen. Ballast für den einen, Hilflosigkeit für den anderen.

Es war aber auch so, nachdem es mir durch die neue Therapie besserging, wurde ich von den Kranken abgestoßen. Unwillkommen. Vielleicht riecht es zu viel nach Medikamenten. Es sind merkwürdige Biotope, die gut, solange man angeschlagen.

Da habe ich gemerkt, wie brutal auch diese Welt sein kann. Die Hierarchien unter Kranken sind noch ausgeprägter als unter Gesunden. Es besteht wenig Solidarität. Die Schwachen lassen sich von den Starken mitschleppen.

Bei den missbrauchten Männern waren die Kontakte auch vorbei. Mein ewiges Leiden mit Schmerz war gelindert. Nach zwei Jahren stand ich auf eigenen Füssen. Ich musste mich nun in der freien Welt freischwimmen.

Die Zunahme gesunder Teile ist als erfolgreiche Therapie zu sehen, die den Weg frei macht für neue Erfahrungen unter Wissen, was mir schlecht tat. Ich hatte mein Leiden aufgearbeitet und offen für neue Kontakte.

Mein Hypnosetherapeut ist ein intellektueller Typ, Psychologe, kommt aber nicht so rüber, brillanter Kopf mit Demut. Er hat erkannt sich bei aller Ungewöhnlichkeit, auch Bildung, nie narzisstisch wie die meisten Ärzte.

Eigentlich ein Mann von der Straße, vielleicht kann ich deswegen zu ihm einen so guten Kontakt aufbauen. Er ist natürlich alles für mich, Freund, Vater, Berater, Helfer. Ich bin froh, in zwei Jahren der Therapie geholfen bekommen zu haben.

Er hat nie in dem Wahn gelebt, die Psyche eines Patienten beherrschen zu können. Mein Therapeut sagt mir auch nicht, was ich machen muss, damit es mir bessergeht. Der Mensch ist eben unberechenbar mit der alten Einstellung der Heiler, denn die Not ist Grund genug helfen zu können.

Ich finde selbst heraus, was mir guttut. Ich gehe meinen Weg mit an seiner Seite. Das Unterbewusstsein lenkt mich jetzt bewusster. Ich weiß mehr über mich und kann somit besser in den sechsten Gang schalten.

Die ursprünglichen Heiler sagen im Gegensatz zu den heutigen Ärzten, dass ich weiß, wie ich mir helfen kann. Mein Therapeut denkt nicht an Vorgaben, jammerschade, dass ich Jahre medikamentös behandelt wurde.

Hilfe zur Selbsthilfe, das ist der Slogan, der auf Allem steht. Der Patient muss für sich entscheiden, welchen Weg er geht und nicht ist das Ziel vom Therapeuten vorgegeben. Wer das brachiale Zielformen in der Therapie einmal kennenlernte, kann von den Schmerzen singen.

Das Ego ist nur ein kleiner Teil für den Therapeuten, auch das Tiefenbewusstsein, aber das Unterbewusstsein durch die Hypnose sollen wie vorchristliche Priester die Natur ansprechen. Ich sehe, wie es mir hilft.

Eine ungewöhnliche Form der Therapie, die aber auf meine Bedürfnisse zugeschnitten ist. Ich hole mir die Teile herauf, die ich bearbeiten kann und sehe den Wald plus einen Glauben, der nicht mit dem Standard festhält.

Unheilbare Psychosen haben sich in Luft aufgelöst, obwohl vier Ärzte sie monatelang diagnostizierten. Wo ist das manisch-depressive? Wo ist es hin? Eine paranoide Erkrankung und auch Borderliner: nichts mehr da!

Da sieht man, was gute Therapie mit einem Patienten machen kann, auch bei Erkrankungen, die landläufig als unheilbar und nur linderbar gelten. Schulmedizin ist einfach nicht auf diese komplexe Materie anwendbar.

Zu meiner Gesundung fehlt die Lockerheit, Unbefangenheit, mit der ich auch Auto fuhr. Seit dem Mobbing packe ich die Autobahn nicht mehr, richtige Phobie, musste mich sogar als Betreuer fahren lassen. Wackeln, Schlottern der Hände, selbst auf dem Beifahrersitz.

Da kann man aber noch einmal darangehen. Einfach ausprobieren. Das Mobbing besteht nicht mehr. Heute ist Gesundung eingetreten. Restängste sind überwindbar. Auf der Landstraße zu juckeln traue ich mir zu. Probieren!

Der Autobahn ausgeliefert zu sein, fällt mir immer noch schwer. Das gibt sich aber nach einiger Zeit. Phobien überwindet man, indem man sich ihnen aussetzt. Wenn ich in der Hypnosepraxis arbeite, brauche ich ja ein Auto. Ich habe mir sogar schon ein Elektroauto ausgesucht.

Da sind wieder Ziele am Himmel. Schön. Es geht voran. Mehr als im früheren Leben, wo ein Wirrwarr durch die Kindheit geprägt war. Es ist zu merken, wie eine Symbiose zum Therapeuten besteht, wenn man auch mit über 50 seinen Beruf noch will.

Mein Wald, mein Elektroauto und ich. Ob ich alleine bleibe oder eine enge Beziehung zu einem Menschen aufbaue, weiß ich nicht. Da hat Mütterchen mir wirklich einen Ekel vor Frauen eingehämmert.

Schade, dass die Erkenntnis so spät kommt. Nähe ist schwer auszuhalten, wenn man das andere Geschlecht so erlebte. Jetzt wo ich weiß, was sie mir anstellte, denn mein Hauptproblem ist Ekel. Da habe ich viel Scheiße gefressen.

Ein Ballast, der kaum zu verarbeiten ist. Da hilft mir, dass ich wieder mit Bewegung anfange, Sportstudio wieder begonnen habe, auch wenn das Knie wehtut wegen schlechter Laufschuhe, selbst beim Treppengehen.

Langsam, Schritt für Schritt, das muss man jedem Workaholic erklären. Eine Idee und dann drauf losrennen. Das gibt ungesundes Blut. Obwohl gerade Menschen mit diesen extremen Fähigkeiten von anderen und von sich überlastet werden.

Nächste Woche mache ich neue Regale für Wohn- und Schlafzimmer. Mehr Lebensfreude, neue Projekte, alleine weil ich meine Geschichte anders sehe und sich so viel staute. Wie meine Diagnosen.

Das eigene Leben zu bewältigen ist das Schwierigste, was man sich vorstellen kann. Es hilft aber durch dieses Dickicht zu gehen. Und wenn es mit dem Riesenmesser durch den Dschungel in Brasilien sich den Weg zu bahnen.

Paranoia wurde mir vom Edelsten diagnostiziert, momentan eine atypische, Depressionen waren es immer, obwohl ich mich nie so fühlte. Der ganze psychiatrische Haufen ist schlecht, Hauptsache Medikamente: Er ist gesund, er bewegt sich nicht mehr.

Ich sollte nur funktionieren oder still sein. Wie es dem Patienten innerlich geht, ist zweitrangig. Auch je mehr Diagnosen gestellt werden, umso gesünder ist der Patient. Die Schulmedizin ist hilflos.

Hütet Euch vor falschen Helfern. Hochbegabte sind in Psychiatrien verschwunden. Die Psyche gehört mir und trotzdem habe ich den falschen Helfern jahrelange geglaubt. Seit 2006 lebe ich wieder gesünder.

Psychisch Kranke waren gerade in Deutschland immer verfemt. Es lag auch an der Nazi-Zeit, wo führende Psychiater auswanderten und der Rest die Klientel deportieren ließ. Noch heute ist die Forensik als Überbleibsel ein Ort des Wegsperrens von Kranken. Die schwarzen und weißen Götter in einer Richtung.

Ohne meinen Therapeuten hätte ich nie Leben, Beruf wiederfinden können. Ich wäre sonst zum Dauerpflegefall geworden. Vollkommene Heilung ist möglich, davon bin ich überzeugt. Mein Therapeut leitet seit 35 Jahren das Zentrum für Hypnose und hat sich jung gehalten.

Es ist schon unglaublich, was gute Therapie bewirken kann, wenn man die ungewaschene Schizophrenie in Heimen sieht. Schlechter Geruch, keine Dusche, noch drei Bier, Zigaretten, aber nicht mehr gesellschaftsfähig.

Als 1978 festgestellt wurde, dass ich ein extremer Empath bin, ich eben die Gefühle anderer hörte. Es war auch bitter notwendig, denn ich musste als Kind deren Gefühlslage wahrnehmen, weil sie mich belogen. Nach Medikamenten haben sie sich ganz gut wieder restauriert, aber nicht mehr wie früher.

Ich will ja meine Fähigkeiten wieder zum Beruf machen. Es heißt, dass Betroffene nach ausgeheilter Krankheit die besten Therapeuten sind. Einem Angeschossenen macht man nicht vor, was es heißt, Schmerzen zu haben und wie man sie bewältigt.

Ich meine, ein guter Polizist, muss auch ein guter Verbrecher sein, genau wie ein Strafverteidiger. Ich sehe die Spaltungen. Ich weiß aber nicht, wie Liebe geht. Mein Bruder steht vor demselben Problem, der aber gerettet wurde.

Schwarz und Weiß vermischen sich. Gut und Böse können sich vereinen. Es gibt auf einmal Mischfälle, die auch in der Klappse landen. Soll nur Geld mit einer Gesellschaft verdient werden, die immer diffuser wird?

Mein Bruder war ja schwarz, haltlos, Drogen, Alkohol, aber er hat die Kurve bekommen wie viele Kriminelle mit einer Frau. Er hat eine Tochter, aber nicht verheiratet, denn die Frau hätte ja dann Unterhalt zahlen müssen.

So laufen die Bahnen anders, wenn man eben anders aufwächst oder der Erstgeborene ist, der den meisten Schutt abbekommt. Ich gab ja auch meinem Bruder Schutz, um nicht die Schmerzen von mir auszuhalten.

Meine größte Liebe kann ich gar nicht sagen, vielleicht die Turmspringerin und mein erster Freund, der Holzfäller. Aber nach aller Spaltung ist es nicht das, was ich suche. Ich war ja immer darauf getrimmt, dass ich nur geliebt werde, wenn ich nützlich bin.

Das ist ein wichtiger Teil, der sich durchs Leben zieht, dieser dienende Teil. Geben und dann geliebt werden, nichts als eigener Wert des Menschseins, sondern in materiellen Vorleistungen. Der eine lebt eben vom Surplus des anderen.

Das zeigte sich in meiner ersten Männerbeziehung im Wald, wo ich nach dem Fallen der Mauer und osteuropäischem Holz sein Verlustgeschäft sponserte. Es ging nicht in seinen Dickschädel und so half ich ihm mit Geld, gab ihm Taler, um geliebt und gebraucht zu werden.

Man kann lange darüber diskutieren, aber da bin ich kein Einzelfall, sondern immer zu beobachten, wenn die Mutter-Kind-Beziehung nicht stimmt, wenn das Kind der Liebe der Mutter nachläuft. Das projiziert sich dann brutal auf Partnerschaften.

Da schaute schon mein Bruder ins Portemonnaie, die ich auch schon unterstützte und maulte mich an, wenn der leer war. Mein Zustand war aber schon unter Barbituraten und ich konnte mich nicht lösen ohne Therapie.

Die Mutter hielt fest und der Bruder genoss. Ich war nicht mehr Kind, sondern Haushaltsvorstand, wieder eine Spaltung der Identität mit 15. Eben nichts Kind- und Familiengerechtes. Verrückte Welt, warum darf man dann nicht verrückt werden, eben mit zwei Ich.

Mein Bruder blieb auch bis 20 bei meiner Mutter als alkoholisierter Kleinkrimineller mit Absingen rechtsextremer

Lieder. Vor Gericht: Er war ein richtiger Bursche. Ich war der Einstein und Freak, während er mit der Schleuder schoss und Fußball, Tarzan spielte, vom Garagendach sprang.

Ich blieb das merkwürdige Wesen, das eh keiner verstand. Normal wollte ich auch nicht sein. Es war wie Kain und Abel. Die Bibel fand da auch schon Muster der Unterschiedlichkeit von Brüdern, aber wir erschlugen uns nicht.

Autofahren ohne Führerschein, auch Motorrad. Er musste den Frauen danken. Aktuell hatte der Bruder keine feste Beziehung, mehr Single, nichts ernsthaftes, sondern ein treuer Hund mit riesen Hoden. Aber auch keine festen Männerfreundschaften.

Wie unterschiedlich ist es schon, auch wenn sie beide in sozialen Berufen arbeiten. Aber vielleicht ist das Blut sehen doch männlicher als die reine Pflege oder Betreuung. Führten nicht insgeheim beide Brüder eine duale Existenz?

Doppelleben

Wie zeigte sich die Spaltung im Verhalten? Nach der Therapie machte ich meine Ausbildung zum Altenpfleger und hatte auch Unterstützung von der Drogenberatungsstelle mit Praktikum. Wahnsinns Leistung war verlangt mit Nachtschichten.

Ich war belastbar, aber wurde schon früh ausgenutzt. Wie soft in meinem Leben. Jetzt war es der Arbeitgeber, früher Mutter und Bruder. Die Wäsche vom Haus musste ich auch waschen plus nachts die Station versorgen.

Dafür bekam ich 100 DM mehr als Vorpraktikum. Danach wurde ich angenommen, mein Opa starb, ich musste zur Beerdigung in schwarzen Klamotten. Ich wirkte lieb und seriös. Später galt ich als Terrorist der Altenpflege.

Ganz in schwarz wie ein Pfarrer, das passte zu meinem Wesen und meinem Beruf. Der Rebell ist genau das Gegenteil und zeigt auch die multiple Persönlichkeit. Ich konnte mich spalten in den kämpfenden und dienenden Teil.

Der Opa starb 1979. Er hatte seine physische Existenz aufgegeben, ohne dass ich ihn wirklich loswurde. Er konnte nichts Schlimmes, aber auch nichts Gutes mehr tun. Eine Auseinandersetzung hatte nie stattgefunden. Vorbei, Schluss, Aus.

Es ist immer noch zu bedenken, dass zu diesem Zeitpunkt zwar die sexuellen Übergriffe klar waren, aber nicht, dass er mein Vater war. Vielleicht wäre dann doch ein Mord geschehen und ich hätte meine Sozialethik über Bord geworfen.

Meine Ausbildung war hart ohne Vergütung. Wir mussten den Unterrichtsstoff der Krankenpfleger in zwei Jahren schaffen, plus praktische Stunden morgens und fünf Stunden nachmittags Schule und jedes zweite Wochenende Dienst. Nach der Ausbildung war ich derart ausgelutscht.

Da begann schon der immense Druck, der dazu führte, sich stets zu überfordern. Was manche so wegstecken, konnte ich nicht kompensieren, sondern eine Dekompensation war vorprogrammiert. Nie war der Freizeitbereich ein Medium die Belastungen auszugleichen.

Ich war auf einmal aufmüpfig ohne Diplomatie gegen Missstände in der Altenpflege. Ich haute mit der Keule auf. Ich konnte meinen zornigen Kern loswerden, indem ich gegen das Böse kämpfte. Ich ließ ab wie ein Ventil. Ich wusste damals nicht, woran es lag.

Es ist nichts Überraschendes, dass ungeliebte Kinder rebellisch werden. Sie lernen den Überlebenskampf früh, sozialisieren sich sicherlich, aber im rechten Moment kommt die Wut hoch, auch ohne körperliche Gewalt.

Einmal musste ich Schwächere beschützen, mit der Muttermilch eingeimpft, zudem die Wut gegen die ganze Familie. Jetzt konnte ich austeilen als riesiges Talent im pflegerischen Bereich mit 23 Fächern und Vornote 1,3. Die Schulleiterin rächte sich aber mit einer Drei für die Prüfung.

Das ist eben die Macht der Hierarchie. Rebellion wird mehr bestraft als sonstige Verfehlungen. Wer gegen das System agiert, wird entrechtet und wie hier mit Noten ausgegrenzt. Da wird früh Samen für Terror gelegt und Kämpfer herangezogen.

Meine Mitschüler haben sich bei der Landesregierung über den Fehler der kleinen Postleitzahl beschwert für mich, und die Leiterin wurde entsorgt in Rente. Ich habe recht behalten, aber kein Altenheim in der Nähe wollte mich einstellen.

Da spürte ich bewusst zum ersten Mal, dass der berufliche Bereich eigentlich nicht so weit entfernt vom familiären ist. Ungerechtigkeiten gibt es viele und wer Unrecht früh erfährt, kämpft für das Recht und lässt sich auch nicht durch Konventionen abhalten.

Mir blieb eigentlich nichts Anderes als private Altenpflege oder private Sozialstation. Als Initiator habe ich es aber nie für mich ausgeschlachtet. Anderer bekam sogar einen Tagesschaubericht. Viel Arbeit, wenig Ehr.

Da zeigt sich auch häufig, dass Kinder aus solchen Familien zwar manipulieren können, aber nicht richtig für den eigenen Nutzen verkaufen. Jede Arbeit und Tätigkeit muss formidabel angepriesen werden. Das Licht unter den eigenen Scheffel zu stellen, bringt nichts.

Ich zahlte immer noch die Miete für Bruder und Mutter und machte den Führerschein. Nicht einmal Urlaub. Ich lebte nicht, wie ich hätte mit meinen Fähigkeiten leben können. Ich hatte immer etwas zu kämpfen. Die Oma sagte, der wird nicht alt und die Omas haben Ahnung. Meine Rettung war die Therapie mit 18.

Da lässt sich nichts dagegen sagen. Ein Revolutionär kann auch Stille empfinden und wenn es nur die Stille nach dem Schuss ist. Aber er hat Blut geleckt und möchte immer weiter. Immer weiter in den Überlebenskampf wie die Indianer. Der gerechte Krieg.

So machte ich noch einmal für vier Wochen eine Festigungstherapie und da habe ich meinen ersten Freund kennengelernt, der gerade sechs Monate machte, weil er zu viel soff und da begann das Doppelleben erst richtig.

Neben der Zweilinigkeit in guter Arbeit und Revolte sollte jetzt auch die Beziehungsebene verwirrend sein. Zuerst einmal in Therapie kennengelernt und dann mit ähnlicher Problematik, wenn auch der Alkohol nie eine Rolle für mich spielte.

Mein Freund, gutaussehend, extrem männlich, ein Macho, war auch schon einmal verheiratet, geschieden mit Kind, einem Jungen. Bei schwarzer Uniform hätte er auch „Standartenführer" mit blauen Augen und dunkelblondem Haar sein können.

Ich war das ganze Gegenteil davon. So täuschen sich manchmal die Geister. Vielleicht suchte er eine neue Mutter, an die er sich lehnen konnte und die ihm half sein Alkoholleben zu bestreiten. Und nicht nur das, sondern seine ganze Existenz.

Ich hatte sofort der Gruppe gesagt: homosexuell, aber er war nicht ablehnend, sondern hatte ein Auge auf mich geworfen in der Männersphäre. Irgendwann war ich in seinem Zimmer und sollte ihm den Rücken massieren, bis er mich küsste.

Die beiden Teile waren nicht unterschiedlich, wie sie auf den ersten Blick erschienen, denn blond und blauäugig waren beide und beide durchtrainiert und beide mit Drogenproblemen. Und so gingen sie nun lange Jahre durchs Leben.

Die Therapeutin in der Klinik hätte doch merken müssen, dass da etwas lief, denn mein Freund ließ Sprüche über Frauen ab, die nicht gerade harmlos waren. Ich glaubte, dass die

Therapeutin auch Spaß an ihm hatte, weil sie sein Bein einmal streichelte.

Ich hatte viel Konkurrenz, was sich durch die ganze Beziehung zog. Nicht nur Männer, sondern auch Frauen und die in erster Linie, waren Mitbewerber. Meine Eroberung war für mich. Man sagte selbst, dass ich Konkurrenten aus dem Fenster schmeißen würde.

Da zeigt sich die alte Erkenntnis, dass Eifersucht unter Homosexuellen noch viel ausgeprägter ist als unter Heteros. Noch schlimmer ist die Situation für Frauen, die ihren Mann an einen Homo verlieren, weil sie dann nicht mehr oder wogegen kämpfen können.

Nach der Entlassung meldete sich mein Freund wieder und wollte mit mir zusammen sein, was mich erfreute. Ich war wieder bei Mutter und Bruder. Wir beschlossen, eine eigene Wohnung zu nehmen in einem kleinen Einfamilienhaus, in der Nähe eines Kohlekraftwerkes.

So wurde aus einer Liebschaft eine Beziehung, was ja nicht immer so nach dem ersten Mal gegeben ist. Und schließlich fanden sich wie sich später herausstelle zwei Bisexuelle zum Tanz, aber mit welchem, kubanisch war da nichts.

Ich fand nicht sofort eine Stelle und so bot ich private Altenpflege an. Es war vollkommen neu. Es meldete sich ein Großpatient, der finanziell gut gestellt war, aber ich Naivling machte es sehr günstig.

Das zeigt sich oft bei solchen Kindern auch durchs Leben, nicht allzu geschäftstüchtig im Kapitalismus zu sein. Der eigene Wert wird nicht gesehen und Preise unter Wert gemacht.

Es ist ein immanentes Minderwertigkeitsgefühl, wenn es auch durch verbale Facetten übertüncht werden kann.

Ich war unerfahren. Probleme machten die gesetzlichen Krankenkassen, nicht die privaten. Die Wohlfahrtspfleger hatten den Bereich fest im Griff und hatten kein Interesse an neuen Konkurrenten. Aber die Idee war gut und heute Gang und Gebe.

Durch einige Kunden lief es nicht schlecht. Mit einer Patientin war ich wie Harold und Maud. Ich gab ihr Spritzen und machte Fitness mit ihr. Wir gingen gar zu McDonald, wo sie ihre Prothese auszog. Das war schon drollig.

Es waren immer Erfolge da und wenn man eine Idee wirklich durchzieht, wenn man davon überzeugt ist, dann führt es auch zu einem persönlichen und materiellen Gewinn. Aber die Umwelt schießt oft dagegen.

Es war noch nicht die richtige Zeit, wie ich mitbekam. Es war so eine geringe Vergütung oft von den Krankenkassen, dass man nicht davon leben konnte. Alle gingen pleite im Norddeutschen und ich konnte von meinen Großkunden überleben.

Es lief eben trotzdem nicht schlecht und wie gesagt, wenn man gut ist, soll man durchziehen, aber mein Freund, der arbeitslos war, deprimiert dadurch als Malochertyp und lebte von mir. Andere durchschleppen konnte ich ja schon.

Da hatte er die Idee, auf eigene Rechnung Holz zu schlagen, als forstwirtschaftlicher Lohnunternehmer. Ich unterstützte das mit Maschinen. Das Unternehmen lief gut und so überredete er mich, bei sich mitzumachen.

Wieder keine eigene Entscheidung, sondern abhängig trotz Geld geben. Das sieht man dann eben auch. Ich unterstütze, aber bestimmte nicht. Die anderen fordern und machen mich dann selbst abhängig. Dialektisch und verrückt. Doppelte Moral.

So machte ich bei meinem Freund mit und schloss meine private Pflege. Das war schwer, körperlich, und ich konnte das Holz nicht schleppen. Aber ich habe mich durchgebissen. Nach einigen Monaten war ich total fit und stark und beide nahmen 4 bis 5000 cal zu uns, total schlank mit zehn Stunden Arbeit.

Aber warum diese Nähe? Beziehung ja. Aber alles gemeinsam unter Gottes Geleit? Furchtbare Vorstellung. Jeder Normale wäre schon am ersten Tag weggelaufen und hätte eine Rostwurstbude aufgemacht.

Es war eine schwierige Aufgabe und schwere als Holzfäller, bis die russische Grenze fiel. Keiner konnte so billig arbeiten, wie das Holz hereinkam. Viele gingen pleite, weil sie nicht früh genug aufhören konnten.

Früh genug aufhören, das ist eben auch wichtig im Leben zu erkennen. Denn sinnlose Durchhalteparolen helfen niemandem weiter. Weder einem normalen Bürger, noch einem Mitpatienten und schon gar nicht zwei Betroffenen.

Man hätte eins machen können, mit Motorsäge rentierte sich nicht mehr, sondern eine Großmaschine für 500.000 DM mit Tag und Nachtschicht, fertig entastet aus dem Greifer und zuschneidet. Diese Geräte kamen und waren rentabel. Wir bekamen keine Aufträge mehr.

Ich überlegte noch über die Investition. War es Liebe oder rationale Vernunft? Schwer zu sagen. Man findet bei Paarbeziehungen, die auch geschäftlich verbunden sind, oft das Vermischen von Emotion und Ratio.

Mein Freund war so dickköpfig, dass er nicht aufgeben wollte. Weil ich nie geliebt wurde ohne nützlich zu sein, machte ich mir zum Ziel, die finanziellen Verluste irgendwie auszugleichen. Und da kam mir eine Idee, die wieder nicht alltäglich war.

Aber bei allem was jetzt auch passierte oder schon geschah, kann man sich so Liebe kaufen? Es funktioniert nie, irgendwann knallt es und dann steht man vor dem Nichts, eben vor dem emotionalen Scherbenhaufen.

Ich mietete ein Appartement und arbeitete als Call-Boy und mein Freund machte auch mit. Das war über einem Barbetrieb, die Besitzerin war Millionärin, eine Bargeschäftsfrau durch und durch, während ihr Geschäft immer schlechter lief und bei uns die Kasse bimmelte.

Sich verkaufen für Geld und Prestige. Das war immer mein Leben. Homosexualität hat ja auch viel mit Prostitution zu tun. Wir machten es jetzt zum Geschäft. Ich musste von Anfang an meinen Körper verkaufen, um zu überleben.

Es waren fast ausschließlich verheiratete Männer, die Diskretion hatten, sicher waren. Es wurde eine Illusion verkauft. Sie brauchen nicht an Doppelleben mit Frau und Kinder denken, das hatte ich gut drauf.

Es war eine immense Spaltung. Die eigene Arbeit, wenn man es so nennen kann, musste im Dunkeln geschehen und wie bei einer Partnerberatung war nur der Traum des Kunden relevant. Nichts handfestes oder konkretes, eben eine rosa Wolke.

Das war in der zweiten Hälfte der 80er Jahre und das Geschäft in der Nähe der norddeutschen Großstadt. Außerhalb lief noch ein „Palais d´ Amour", aber nicht gut, weil die Russenfrauen die Preise kaputtmachten.

Ich war voll ins Rot-Licht-Milieu eingezogen und hatte den richtigen Blick. Aber wie bei fast allen Prostituierten stieg ich ein, um die Schulden des Partners zu begleichen. Es war eine Notlösung, aus der nur noch schwer heraus zu kommen war.

Mein Freund versuchte immer noch im Wald Geld zu machen und ich machte die Buchhaltung, aber durch das neue Geschäft floss Gewinn. Ich war Problemlöser für meine Kunden. Und da bot uns der Lebensgefährte der Bordellbesitzerin mit Frauen eine Teilhabe an, und der Sparkassenvorstand fand es gut, sich mit 15.000 DM einzukaufen.

Ich war und wollte dick ins Geschäft. Aber war es wirklich das, was ich wollte. Irgendwie war es ja auch ein helfender Job. Es wird wie in der Altenpflege eine Dienstleistung verkauft, Zeit spielt eine Rolle und auch die Illusion.

Zur Hälfte kaufte ich mich ein mit der Besitzerin, merkte aber, dass es eben nicht lief, trotz Einrichtung, Kamera, edel, zwei große Badezimmer, Separees, Bar, blauer Teppich. Die Zeiten der Bar mit 150 DM im Separee war vorbei.

Das war ein falscher Fehler. Man darf sich nicht von dem äußeren Schein blenden lassen, sondern soll sich die Bilanzen zeigen lassen. Es ist ja auch immer verwunderlich, wenn eine Millionärin einen Teilhaber sucht.

Es stellte sich dann heraus, dass der Lebensgefährte auch beteiligt war, es kam zu Streitereien, weil es beschissen lief. Ich hatte mich auf alles verlassen, nur nicht auf mich. Ich war zu jung und unerfahren und hatte nie die Absicht, so etwas oder das Appartement anzufangen.

Nackte Not, um uns über die Runden zu bringen. Mein Freund war derjenige, der am meisten profitierte. Und jetzt die Barbesitzerin, die noch um einiges reicher war. Mich konnten Menschen besser einschätzen als ich andere.

Ich verließ mich auf den Bankmenschen, der das beurteilen sollte. Aber es liefen nur noch einige und so haben wir uns getrennt und ich wollte mein Geld und sie noch von mir. Ich bekam Recht für meine 15.000 DM, weil sie schon eine Hälfte abgetreten hatte. Beim OLG verlor ich dann, aber vorbeugend hatte ich die Summe schon im Geschäft auf die Seite geschafft. Beide waren dann aber irgendwann weg.

Einerseits nicht schlau, andererseits gewieft genug doch auf seine Kosten zu kommen. Ich ging lieber den geraden Weg und das auch mit meinem Freund, der ja mitarbeitete wie ich vorher im Holz.

Hundetechnisch war ich im Rot-Licht-Milieu jetzt auch ausgeglichen, aber die Begründung für mein Verhalten war mir nicht direkt bewusst, nur das platte Sex-Geschäft war nicht mein Ding. Es wurde mir klar.

Muss ja auch nicht, denn welcher Prostituierten gefallen schon die Freier. Alle machen es für Geld, auch wenn ihnen schlicht

Sex Spaß machen sollte, wie dem Call-Boy auch. Aber es bleibt Fleisch für Moneten.

Die Call-Boy-Geschäfte liefen etwa zwei bis drei Jahre. Ich betrieb es wie „Die flambierte Frau", edel, mit Intelligenz und ich bekam öfters 200 bis 300 DM Trinkgeld. Trotzdem musste ich im Voraus kassieren. Hinterher ist jeder nicht mehr so zahlungswillig.

Es war nicht das einfache Straßengeschäft. Wir beide sahen gut aus und konnten unser Geld machen, aber ich war eben auch ein Job-Hopper, der immer das Neue suchte. Die neue Herausforderung musste her.

Da hatte ich einen alten Freund als Zeitsoldat mit guter Abfindung und eröffnete mit ihm eine „Bistrokneipe". Aber wieder Fehler: Die Pacht zu teuer und die Lage nicht optimal. Wir hatten tolle Ideen, aber es lief nicht. In der Altstadt ja, sonst tot geborenes Kind.

Aber so langsam müsste man es ja auch nach einigen Jahren im Business lernen. Vielleicht war da eine angestellte Tätigkeit doch besser, wenn zwar die Fähigkeiten zum Arbeiten da ist, aber nicht auf eigene Rechnung.

Mein Freund gab den Forstbetrieb auf und hatte dann mit LKW-Führerschein Auto-Transporte. Ich arbeitete wie immer für andere. Das war meine Tiefenkonditionierung: Ich für mich alleine: Nein. Ich bewarb mich neu, aber der Lebenslauf war gesplittet. Sobald ich nicht sagte, dass ich selbstständig war, bekam ich auch eine Stelle.

Lug und Trug, wie im ganzen Leben. Auf der einen Seite, ein ehrlicher Hund, aber genötigt zu lügen. Das ist das Schicksal vieler, die missbraucht werden und eine sogenannte schwere Kindheit haben.

So arbeitete ich im Zahnarztberuf als zahnärztliche Hilfskraft, habe Modelle gemacht, durfte Abdrücke holen und zurückbringen. Ich hatte die Abteilung im Griff. Sie zahlten mir volles Gehalt als Zahntechniker und hätten gerne gesehen, wenn ich nach fünf Jahren die Prüfung ablegen sollte.

Wieder Erfolg im Beruf, das war mein Schicksal, aber man muss auch einmal etwas so durchziehen, dass eine gerade Linie gefahren wird und nicht nur Schlangenlinien für andere. Der Restmüll war ja auch noch da.

Die Schulden waren zurückzuführen an die Banken und so wechselte ich in die Lebensmittelindustrie in Nachtarbeit. Ich hatte netto 3 bis 4.000 DM im Monat und sie machten mich nach einigen Monaten zum Schichtführer.

Wieder Erfolg, aber wieder Druck vom Kapital. Wo war der Freund geblieben? Ruhte er sich immer noch auf dem Kissen aus, das sie nachts zusammen teilten? Ein Bild, das sich so sagen lässt. Prostituierte ich mich weiter?

Mit den Maschinen kam kaum einer klar. So musste ich oft am Wochenende heran, aber als Schichtführer hatte ich weniger durch die fehlenden Nachtschichten. Wieder wurde ich ausgenutzt, auch am Computer.

Das zieht sich eben wie ein roter Faden. Bis an die Grenzen gehen und die eigene Verrücktheit in den Dienst der Firma stecken, da ist eigentlich eine freiberufliche Tätigkeit am besten. Wenn ich nicht irgendwelche Klötze am Bein hätte, wäre ich schon längst Millionär.

Mein Freund begann dann auch in der Firma als Produktionsleiter und war auch sehr hoch angesehen, weil er ein Talent hat, was man machen muss, dass ein Optimum an Produktivität bestand wie im Wald.

Beide können arbeiten, nur oft in die falsche Richtung. Jetzt schien ja eine Linie gefunden, aber es kommt oft unverhofft, aber es kommt. Ich war perplex, denn ich dachte nur an unsere gemeinsame Zukunft.

Ich war zehn Jahre mit meinem Freund zusammen, bis sich eine Arbeitskollegin in ihn verguckte und der stand nicht zu mir, wir wären nur Kumpel. Sie war gutaussehend mit Sohn und mein Freund trieb es mit ihr in unserem Bett.

Da war meine Grenze erreicht. Was ich alles für ihn getan hatte und dann bekam ich den Schuh in den Hintern getreten. Sogar gedemütigt, im eigenen Bett. Das war ein schwerer Schlag für mich und trennte mich von meinem Freund.

Das war schon heftig. Die Frau war so gefühlskalt, an der würde mein Freund sterben. Denn sie sagte, dass eine neue Beziehung ewig sein sollte, der sie gut versorgt. Bald war er Papa mit immenser Last. Das wird kein glückliches Leben.

Ich sah das Unheil voraus und konnte ihm aber nicht helfen. Ich hatte ausgedient. Es war mir kein Dank gegönnt. Wie so oft im Leben, die gebende Hand wird geschlagen und schwarz gefärbt. Aber ich hatte noch meine Therapeuten.

Mein Freund verleugnete mich vor allen. Das war alles Anderes als mit den geteilten Frauen. Die Therapeutin meinte dann aber auch, dass ich in dem wirklich erlernten Beruf Altenpflege arbeiten sollte. Ich tat es.

Tapetenwechsel ist in solchen Fällen sehr gut. Und dann in den richtigen Bereich. Das tut der Seele gut, es hilft wieder Luft zu bekommen, nachdem der Rauch verschwunden ist. Wieder eine Narbe von der ersten richtigen Beziehung.

Mein Ex mietete dann ein neues Haus mit ihr, sie war Mama ohne Arbeit, Schulden und dann wieder Holz. Er überlastete sich wieder, bis sie ihn abschoss mit einem älteren Mann, wobei er dann aus Frust wieder das Saufen anfing.

Kurz und knapp die Beziehung mit einer kalten Lady, die in Drogen endet. Da sieht man erst, was ich materiell und emotional für ihn zehn Jahre getan habe. Er sollte es noch bereuen, denn er war am Ende.

Ich bekam eine Stelle im Pflegeheim für Nonnen. Die Leiterin war eine Gefahr für die Patienten und wurde gekündigt. So wurde ich Pflegedienstleiter und konnte wieder richtig aufbauen. Struktur, Einstellungen, viel Spaß mit Erfolg. Durch Expansion kam auch zunehmend mehr Erfolg in dem alten Krankenhaus.

Da wieder sofort top. Nur durchhalten und gerade aus weitergehen, ohne Anhängsel, ohne Beziehung, die klammert und auslutscht. Eine Führungskraft bleibt immer eine, egal was passiert, aber die eigene Karriere muss auch im Auge behalten werden.

Mein Ex starb dann. Nach der Trennung von ihr hatte er noch mehr Schulden. Nur LKW-Fahren ohne dass für ihn zum Leben etwas übrigblieb. Sein perfektes Aussehen litt durch eine Zahnprothese. Sie hatte ihn völlig ausgezogen. Er soff sich mit einem Liter Korn und entsprechenden Tabletten in den

Selbstmord, obwohl ich vorher noch mit ihm redete. Er meinte, nie eine echte Chance im Leben gehabt zu haben.

Ich sprang ja mit Engelszungen mit ihm, es nicht zu tun, aber letztlich entscheidet jeder über sein Schicksal. Ich hatte das nicht für mich als Ziel, obwohl ich auch unter der Trennung litt. Aber er hatte aufs falsche Pferd gesetzt.

Der erste Kontakt zu den Frauen war eine in der Gaststätte, die mit ihrem Mann da war. Ich merkte, dass die an meinem Freund interessiert war und ich sagte ihr dann, dass es uns nur im Doppelpack gibt, kalt und ernst.

Es ist schon etwas verwirrend, aber durch sexuelle Lust begründet. Ich hatte ja schon Gefühle zu Frauen, aber eben in der Beziehungsebene auf Homos begrenzt. Es war schon die Vorstufe zu der späteren Prostitution.

Es interessierte mich brennend und am nächsten Tag klingelte das Telefon und es ging ein paar Jahre so gut. Dann kamen noch zwei weitere Frauen dazu. Für das offizielle Leben hatten sie Männer, aber für den Spaß uns.

Wie später in der Tätigkeit als Call-Boy. Homos, die verheiratet sind und auch Spaß haben wollen. Ich nutzte meine Manipulationsfähigkeiten aus und war zufrieden. Ich dachte nie, dass die Beziehung zu meinem Freund noch einmal an einer Frau scheitern könnte.

Die Frauen fühlten sich sau wohl, sie bekamen alles, was sie von einem nicht kriegen konnten. Nicht nur Sex und Spiel, sie kamen immer wieder. Wir waren alle zufrieden. Es hätte durchaus zu einer festen Dreier-Beziehung werden können.

Es waren ja nicht nur zwei Heteros, die sich eine Frau teilten, sondern die Männer untereinander hatten ja auch Sex. Eifersucht war nicht zu spüren. Es hatte etwas Anarchisches, Kommunistisches von der Urgesellschaft.

Ich habe nicht gelitten. Es klappte gut, wen auch merkwürdig und drollig. Dass er wieder mit einer Einzelfrau anfangen musste verstand ich nicht. Das tat mir weh. Ich war ausgeschlossen. Ich hatte gestört. Ich war gut genug für die Schulden.

Da wird der emotionale Widerstand doch immanent. Da kommt der ganze Groll der Beziehung, des seelischen Mülls hoch. Der Ballast nicht nur der Beziehung, sondern des Familienersatzes, wieder nur Geben statt Nehmen.

Er hat aber gekriegt, was er wollte, aber mein Defekt wird deutlich. Ich hätte mich finanziell abgrenzen können. Ich arbeite nicht für dein Holz und deine Schulden. Auf die Idee kam ich aber nicht, weil ich immer Verbindlichkeiten bezahlte.

Defekt ist der richtige Ausdruck. Sich Liebe erkaufen, das klappt nicht. Es folgt nur Undankbarkeit. Ich hätte es wissen müssen, aber ich hatte nichts Anderes gelernt. Für andere da sein, ist mein Schicksal.

Es hat mich auf falsche Art tief getroffen. Heute mache ich das nicht mehr. Es ist mir nicht mehr passiert, dass ich praktisch eine Eigentumswohnung in den Schornstein schreibe. Diesen alten Dämon, den mein Bruder und meine Mutter in mich infiltrierten, ist heraus.

Das ist eine gute Erkenntnis und Voraussetzung für eine weitere Beziehung auf Augenhöhe. Emanzipation für beide, egal ob Hetero oder Homo. Gleiche Pflichten und Rechte für Alle. Reines Geben ist auch eine Abhängigkeit.

Zu Dritt, da sind alle gleich beteiligt, nie zwei gegen einen. Es war auch immer eine Dreierbeziehung. Dann ist das eine alternative Lebensform. So können Bisexuelle alles unter einen Hut bekommen.

Es ist immer noch eine Schwärmerei für das Außergewöhnliche, sicherlich für das Doppelleben. Nichts konformes, sondern der Spaß im Vordergrund, aber aus einer Aggression oder Gefühlslage heraus, die schon früh von der Mutter gelegt wurde.

Man kann sich eine Frau entscheiden und dann muss man zum Call-Boy laufen oder man entscheidet sich für einen Mann und wenn der bisexuelle, hat man immer Angst, dass er sich für eine Frau entscheidet.

Schwierige Lage für Bisexuelle unidimensional zu leben, wenn die Hormone hochkommen. Eigentlich aussichtslos. Auch die Dreier-Beziehung ist da nicht ideal, denn die Frau kann immer ausbrechen und zu einem Hetero laufen oder zurückkehren.

Oder man entscheidet sich für einen Menschen, egal welchen Geschlechtes. Es kommt auf den Menschen an. Das ist wohl ein wahres Wort. Bei Zweigeschlechtlichkeit soll der Charakter entscheidend sein, um glücklich zu werden.

Meine sexuelle Entwicklung war nachhaltig gestört durch die ersten 18 Jahre. Meine Mutter hatte Angst, dass ich ihr von der Fahne ginge durch eine Freundin. Genau wie bei meinem Bruder, da hatte sie es auch kaputtgemacht, selbst Spielkameraden.

Das ist verständlich. Die Kindheit und Jugend sind da entscheidend für normales Aufwachsen und den eigenen und fremden Körper kennen zu lernen. Wenn da unterdrückt wird, entstehen Störungen. Falsche Normen sind Fesseln, die nur schwer wieder regulierbar.

Meine Mutter war unheimlich geschickt, dass sie schon bei meiner Cousine und mir im Schulalter dazwischenfunkte bei Vater-Mutter-Spiel. Ich fand es natürlich, aber deren Eltern in katholischer Gesinnung nicht. Sie hatten nach Scheidung noch sexuelles Verhältnis, beide aber keinen neuen Partner.

Wie gesagt, die Normen waren für mich nicht verständlich. Ich verachtete sie und nahm sie auch nicht an, aber ich musste mich eben in die Homosexualität flüchten, obwohl mir gar nicht der Kopf danach stand.

Es ist wirklich schwierig für mich durch die Therapien, indem ich in mich hereinschaue, dass ich ein ganz normaler heterosexueller Mann geworden wäre. Heute weiß ich immer noch nicht, wie man liebt, denn ich hatte es wie bei meinem Bruder nie zu Hause gefühlt.

Sich zu prostituieren, hat ja nichts mit Liebe zu tun und eine Dreier-Beziehung auch nicht. Reiner Sex, der befriedigt, aber nicht das gemeinsame Gehen durchs Leben bedeutet. In guten, wie auch in schlechten Zeiten, ohne groß religiös zu sein, da ist etwas Wahres dran.

Mir ist beim Partner nicht mehr die Äußerlichkeit wichtig, sondern die Gefühle, Loyalität, Ehrlichkeit, Zueinanderstehen. Ich will keine Funktion mehr erfüllen, sondern ich will als Mensch angenommen werden.

Das sind gute Vorgaben, die ein Fundament für eine Beziehung sein können. Aber der eigene Ballast ist nicht von sich zu weisen, auch nicht durch die vielfachen Therapien. Die Narben sind da, und das unter der Haut, nicht darüber und durch Laserstrahlen entfernbar.

Ich habe auch nicht mehr die große Karriere und das große Geld vorzuweisen. Ich machte auch Showauftritte aus der Kneipe heraus im Bereich Travestie. Zwei machten Miniauftritte auf Hochzeiten und so managte ich sie.

Wieder nichts richtig Gewöhnliches. Immer an der Grenze zwischen eigener Sexualität und Geschäft. Wieder Prostitution, wenn auch nicht im Bett, sondern auf der Bühne. Mit Abnormität lässt sich eben Geld verdienen.

Wir stiegen auf, bis einem zu viel wurde. Es waren richtige Engagements vor großem Publikum mit richtig guten Gagen und so sprang ich ein als Bewegungstalent. Der Partner hatte auch zwischen Männern und Frauen gewechselt. Ich bekam 1.000 DM pro Auftritt.

Das ist etwas Anderes als wenn man im Table-Dance den letzten Tanz um fünf Uhr früh tanzt. Ich war in meinem Geschäft schon Profi und mit dem richtigen Partner gut. Aber eben in dem Milieu, das doppelt gelebt wird.

Es war gut, weil ich noch die ganzen Schulden hatte vom Holz. Ich musste überlegen bei drei Auftritten die Woche, ob man es hauptberuflich macht und ich entschied mich für etwas Solides. Mein Partner ging weiter und wurde bekannter.

Es ging aber auch mit einer kleinen finanziellen Streitigkeit auseinander, aber wieder das Wechseln zwischen dem

Bürgerlichen und der Show, die die Bretter bedeuten. Wie heißt es so schön, dass man erfolgreich ist mit einem Partner und einem Job.

Wieder Altenpflege. Bis zur Rente kann ich nicht arbeitslos werden. Ich lernte wirklich interessante Menschen kennen durch meine Tätigkeiten, aber ich ging immer wieder zurück wie ein Fußballtrainer zu seinem Heimatverein.

Geben statt Nehmen

Mit dem Geben habe ich ganz und tief verinnerlicht durch meine Mutter und die Familie, dass ich keine Lebensberechtigung habe, wenn ich mich nicht einbringe und nützlich mache. Bei meinem ersten Freund wurde mir das klar.

Es ist ein Kreuz, das man mit sich herumträgt. Liebe erkaufen statt Liebe zu erhalten, weil man eben Mensch ist. Angenommen werden in seinen Werten und in seinem Charakter, sondern ausgenutzt werden, verletzt.

Ich bin nicht auf die Idee gekommen, dass man mich so liebt wie ich bin, sondern ich musste mich unentbehrlich machen. Weit über die wirtschaftlichen Grenzen hinaus habe ich alles Mögliche gemacht, wie z.B. den Call-Boy-Ring, Travestie-Auftritte, um ihn am Laufen zu halten.

Aufopfern bis zur eigenen Existenz, das ist das Schicksal eines Mannes, der sein letztes Hemd gibt, ohne auf sich zu achten, ohne eine gesunde Grenze zu ziehen. Aber es muss ihm auch irgendwo Spaß gemacht haben, sich für andere zu prostituieren.

Das Management im Travestie hätte mir gereicht, aber die Auftritte mussten noch eben drauf, alles für meinen Freund. Die Liebe ergelden. Die Haushälterin erkannte meine Angst und betonte, dass mein Freund einmal eine gutaussehende Frau kennen lernt. Da war meine Ur-Angst.

Habe ich mich so aufgeopfert, damit ich meinen Freund nicht an eine Frau verliere? Wurde ich als Homo ausgequetscht? Ich war Spielball der Mächte des Geldes. Nicht nur Sex gegen Geld, sondern auch Zuneigung gegen Taler.

Es trat auch genauso ein. Die Haushälterin konnte mich in Panik versetzen. Ursprünglich war es von der Kindheit her. Weniger Trinkgeld, dann weniger Liebe, wenn überhaupt. Daher auch kein Kontakt zum Bruder.

Tierische Eifersucht. Gegen einen Mann konnte ich kämpfen, nicht aber gegen eine Frau. Ich verlor letztlich meinen Freund sinnbildlich an meine Mutter, kalt leidenschaftslos, verlogen, berechnend, bis zum Tod des Geliebten.

Mein Bruder bewunderte mich bis zu meinem Absturz. Aber davon habe ich vorher nie etwas gemerkt. Kein gemeinsamer Urlaub oder wirklicher Kontakt. Wenn er vor seiner Beziehung flüchten musste, dann kam er zu mir.

Wie immer Notnagel, nicht wirklich gebraucht für die schönen Stunden, sondern seelischer Mülleimer für das direkte Umfeld. Einmal aus sich heraus gehen und Tabula rasa machen, das wäre angebracht gewesen.

Anerkennung habe ich mir am meisten durch Leistung im Beruf genommen, z.B. in der Zahntechnik mit Spitzenleistungen. Das war auch schön. Daraus habe ich Energie gezogen. Es ist keine Liebe, aber gesellschaftliches Prestige.

Aber immer nach oben, um Zuneigung zu bekommen. Viele lässt ja die Berufswelt völlig kalt und sie sehen keine Erfüllung darin, sondern möchten am Ende des Monats ihren Scheck. Ich suchte auch Selbstverwirlichung.

Der Sozialkram war bei der Familie nicht anerkannt. Bei anderen suchte ich mir dann die Liebe. Sogar auf Kuba bestätigte man mir immer meinen super modellierten Körper. Wieder trainierte ich mich auf Anerkennung.

Es sind äußere Werte, die nach innen blenden sollen, aber wirkliche Nähe ist das nicht. Der äußere Schein mit Muskeln und Geld trotz hoher Bildung und Intelligenz. Ist das der wahre Mensch in dem Körper, in dem er sich wohlfühlt?

In der Sexualität habe ich mich auch extremen Neigungen angepasst und war glücklich, jemanden glücklich zu machen. Dass das mit meiner Sexualität nichts zu tun, war mir nicht klar, auch wenn die Wissenschaft von empathischem Metamorph spricht.

Empathie mit Sentimentalität. Sensibel ist ja noch positiv, aber die eigene Aufopferung spricht gegen alle Regeln. Sich aber in der Sexualität noch vollkommen aufzugeben, spricht auch für die gelungene Karriere als Call-Boy.

Ich kann mich auf die Bedürfnisse des anderen vollkommen einstellen. Perfekter Millionär, ich hatte auch das Angebot eines Millionärs rein als Begleiter ohne Sex, ohne arbeiten zu müssen. Ich habe es nicht gemacht. Ich wollte mein Leben aus eigener Kraft leben.

Das ehrt, aber heute spricht man über verpasste Chancen in den Gebieten, wo man stark ist. Eigentlich war das Verkaufen des Ich doch nicht mein Ding. Ich hatte zu viel Stolz und Ehre. Oder war die Liebe zum Freund größer?

Ich lernte Männer kennen, die sich Männer besorgten, die Einsamkeit vertreiben. Er war sehr kultiviert. Ich wollte aber auch nie Geld vom Arbeitsamt. Ich schlug die Zeitung auf und sorgte für mich.

Ich gab mehr als ich nahm. Stolz, das ist ein wichtiger Begriff. Ich konnte auch kämpfen in der Ausbildung zum Altenpfleger. Irgendwo war immer Schluss mit der Aufopferung. Da steht der Mensch zu nah am Tier, das auf die eigene Existenz achtet.

Ich habe eine gute Ausbildung. Wenn ich privat nicht gepfuscht hätte, wäre es ein tolles Leben geworden, mit Urlaub, was mein Bruder ja auch nicht hinbekam. Beziehungen zu leben, habe ich nicht gelernt.

Es ist wieder dialektisch. Beruf top, privat hopp. Die Gefühle spielen verrückt und mit den eigenen Emotionen ist schwer umzugehen. Beziehungen ja, aber einseitig. Immer dasselbe Muster des Ausgenutztwerdens.

Bekomme ich für das letzte Drittel noch einmal eine beidseitige Beziehung hin? Ohne Internet-Sex. Es ist ja weit verbreitet, fremd zu gehen. Kein Bedarf. Junge Menschen möchten sich heute das Brot mit Butter von beiden Seiten bestreichen und schimpfen dann noch, wenn die Finger fettig werden.

Die Nehmerqualitäten lehne ich immer noch ab. Ich will eine Waage in der Beziehung, wo Loyalität und Vertrauen da ist. Geben und Nehmen muss eben im Einklang stehen, sonst bleibe ich lieber alleine.

Meist ist in der Schwulenszene auch schon sexuelle Freiheit wie in der Heterowelt. Ist die Monogamie natürlich? Wer mehr als einmal mit einer Frau schläft, gehörte in den 70er Jahren zum Establishment. In den späten 80er musste man sich schon trennen vor dem Fremdgehen.

Die Liebe und der Sex sind auch gesellschaftlich determiniert. Heute gibt es Homo-Ehen ohne aber eine Anleitung zu finden für diese ungewöhnliche Form des Zusammenlebens. Was ist natürlich und gesund?

Von meinem Dorf und Wald wusste ich in der Stadt gar nicht, wie es mit Männern geht. Der einzige Film war „Die Konsequenz". Ich war nicht alleine, obwohl der BR sich ausschaltete. Ich höre auch viel noch Diffamierung des Homosexuellen trotz Erfahrung mit Frauen.

Wo findet man Toleranz, sicherlich weder in der einen noch anderen Welt? Die Leute müssen einem egal sein, wenn man seinen Weg geht. Wichtig ist, dass man seine Prioritäten hat, seine Ziele, dann ist der Rest egal.

Ich bekam eher Kontakt zu Männern, die auch Hetero waren. Ich kann das weibliche Wesen nicht vollkommen verstehen. Echte Übereinstimmung fühle ich nur bei Männern, auch die Sexualität ist intensiver.

Da ist aber die Frage, ob ein Hetero überhaupt einen männlichen Körper anpacken will. Kameradschaft ja, aber den Sex mache ich normalerweise mit einer Frau, nicht mit jedem Gedanken der Fortpflanzung, aber letztlich natürlich auch in dem Sinne.

Was fühlt ein Mann oder eine Frau beim Sex? Ist der gleiche Körper besser? Schwer verständlich. Da sollte auch Geben und Nehmen im Einklang stehen. Echte Empathie kann ich aber nur beim Mann entwickeln.

Ich habe viele Typen um mich, die mich ausnutzen, die Freundlichkeit für blöd halten. Nachbarschaftshilfe, Solidarität gibt es nicht mehr. Selbst bei Ratenzahlungen für den Fernseher werde ich hingehalten und verarscht.

Im helfenden Beruf besteht immer die Gefahr, dass Geben und Nehmen nicht übereinstimmen. Die richtige Balance zu finden, ist immer schwierig, aber wenn man mehrmals aufgefallen ist, zieht man seine Lehren aus den Schuldnern.

Es hat einen manischen oder depressiven Anteil. Aber es geht vielen so und am besten fährt man mit der Grundregel, überhaupt niemandem finanziell auszuhelfen. Jeder kann eine Zigarette haben oder ein gutes Essen, aber beim Geld muss eine gesunde Abgrenzung und Aussortierung im Bekanntenkreis sein.

Heute habe ich immer noch einen Faible für einen Polizisten im Ministerium mit Unglück im Dienst der Öffentlichkeitsarbeit an Schulen. Der Chauffeur hatte ein Mädchen getötet, weil er an der Pistole herumspielte.

Den könnte ich mir als Partner vorstellen. Ohne aber die inneren Werte jetzt genauer darstellen zu können oder vielleicht doch. Einmal ist er als Beamter abgesichert und liegt mir nicht auf der Tasche, andererseits wäre die Beziehung auch in Waage.

Ich habe immer Schwierigkeiten, etwas anzunehmen, es soll nicht extrem sein. Ich könnte ihn vielleicht nie zum Essen einladen. Das fällt mir noch schwer, meine Situation anzunehmen. Es wäre auch einmal wichtig, seine Lebenssituation zu akzeptieren und die soziale Intelligenz in den Vordergrund zu stellen.

Nach meiner Therapie versuchte ich wieder arbeitsfähig zu werden im April 2000, aber ich musste aufgeben. Problem stellen, aufarbeiten, Schmerz hört auf. Das war bei allen nicht so. Unser Leben ist auf Dauer überschattet. Ewiges Leiden.

Das zu akzeptieren fällt schwer und es gehört eine Menge Mut dazu weiterzumachen, zu kämpfen, sich nicht hängen zu lassen. Die Lebensenergie schwindet, keiner konnte arbeiten. Erst durch meinen jetzigen Therapeuten habe ich keinen seelischen Schmerz mehr.

Das braucht aber andererseits wiederum Energie, um den Kampf gegen das Leid durchzustehen und blockiert trotz keinerlei Einnahme von Medikamenten. Es schmort in mir und ist doch ein Schatten auf meiner Seele.

Ich kann verstehen, dass viele in der Psychiatrie landen, hochdosiert, weil sie es nicht mehr aushalten, weil sie so oft Opfer waren. Ich war auch noch einmal bei meinem ersten Freund, nicht einmal zur Beerdigung eingeladen, die Beziehung wäre nur ein Versehen gewesen.

Jeder hat Nadelstiche in seinem Leben zu ertragen, aber wenn die Narben so tief stecken, dass es sich immer im Leben wiederholt, dann scheint man an sich zu zweifeln. Aber der Schmerz ist zu spüren, wenn die Funktion wegfällt.

Heute habe ich zu viel begriffen, dass ich eben die Liebe von meiner Mutter wollte und die keine geben kann. Ich springe auf solche Typen an, kann es aber auch gut sein lassen. Der kann eben nicht lieben.

Man versucht sich selbst Liebe zu erkaufen. Aber kein Mensch ist in ein Schema zu packen, denn eine Mutter kann sehr wohl das eine Kind lieben und das andere nicht. Schon irrsinnig welche Projektionen im Menschen ablaufen. Zwischen Partnern dauert Liebe eh nur zwei Jahre.

Auf Biegen und Brechen will man geliebt werden. Heute weiß ich, dass ich nicht mehr nachlaufe. Ich verleihe keine fünf € mehr. Ich grenze mich ab von Menschen, die a priori nicht lieben können oder wollen.

Der Freund, mit dem ich sieben Jahre zusammen war, der vorher mit einer Kurdin liiert, war voll organisiert, Fitnesstraining, blond, blaue Augen, Lebensunterhalt als Verkäufer. Er hatte ein Zimmer und hatte mich damals in der Umkleide angebaggert.

Mein Therapeut hatte mich in der Trance versetzt eine Gänsehaut bekommen, wie wenn man ein spirituelles Verhältnis hat, in einer Minikapelle mit Heiliger, seitdem weiß er, dass ich mich nicht umbringe, alles aushalten kann und muss.

Da hilft auch der Buddhismus, denn man ist ja gleich wieder da. Es hängt aber auch vom Typus ab. Es gibt den depressiven Menschen, der dazu neigt, aber wer so viele Erfolge im Leben aufzuweisen hat, der braucht sich nicht hinter dem Tod zu verstecken.

Ich war aber auch down, als man mir sagte, dass ich nie mehr arbeiten gehen könnte. Das war ein Verbrechen. Alte Therapeuten werden heute für verrückt gehalten. Selbst die Diagnosen hatte ich nicht, aber ohne Schadensersatz. Ich habe kein Betreuungsbüro mehr und kann nicht mehr Auto fahren.

Die Schulmedizin ist schon verheerend. In unterschiedlichen Bundesländern ist sie auch durchschnittlich zwanzig Jahre zurück. In vielen Kliniken arbeiten Therapeuten zweiter Klasse, die freiberuflich noch keine 500 € im Monat zustande brächten.

Bei wirklich guten Medikamenten habe ich Schwierigkeiten auf eigene Kosten zu bekommen. Ich hatte Gas gegeben, mich umzubringen, aber ich hielt durch. Heute bin ich weiter und differenziere Menschen.

Schwarz – Weiß ist nicht immer gegeben. Das machen viele Geschäftsführer: gute und schlechte Mitarbeiter. Der Mensch ist eben mehrdimensional und vielschichtig und jeder hat von seiner Sozialisation weiße Flecken und Schattenseiten.

Ich will auch nicht kalt werden, ich kann auch gut rauswerfen wie meinen jetzigen Freund, der auf Dope kam. Abgrenzen, abgrenzen, abgrenzen und trotzdem kein Arschloch sein. Ich will auch Freundschaften, wo Loyalität noch etwas gilt.

Diesen Werten ist nur zuzustimmen. Die Wahrheit ist manchmal hart und die Abgrenzung schwer ohne unmenschlich zu werden, aber jeder muss auf seinen eigenen Nutzen denken, aber nicht Erfolg auf Kosten anderer.

Das Mobbing begann in dem Altenheim durch einen Mann als ehrenamtlicher Vorsitzender, der auch einen anderen herausmobbte. Er ist der Star Mann mit fieser Art: er fragte immer nur und demütigte und schoss auch mich an.

Mobbing geht ja über längere Zeit, um zu wirken. Am Arbeitsplatz heute ein häufiges Mittel, um Konkurrenten oder unliebsame Mitarbeiter heraus zu hieven. Ich wurde auch das

Opfer, obwohl ich vom Charakter gar nicht in das Schema passte.

Ich sagte, dass sie mir gar nichts vorzuwerfen haben und nichts vor drei Wochen Schlechtes gesagt haben soll. Das hat mit meiner Arbeit als Pflegedienstleiter nichts zu tun. Ich beende die Diskussion dann mit Ihnen.

Das war auch eine korrekte Reaktion, aber leider die, die von den Mobbenden meist gewollt ist, nämlich die Vorstufe zur Kündigung. Ich habe nicht damit gerechnet, dass er Jahre darauf gewartet hat, mir etwas anzuhängen.

Mein Arbeitskollege und ich, etwa in gleichem Alter mit guter Kooperation, wollten gleichzeitig kündigen. Der Kollege tat es und mir wurde innerhalb der 14-Tagesfrist vieles vorgeworfen und selbst Mobbing durch russische Putzfrauen, denen selbst Angst gemacht wurde.

Es ging von oben nach unten. Es war ein Schicksalsschlag, weil ich zudem durch die Therapie angeschlagen war. Und jetzt noch Schwierigkeiten im Job. Unerträglich. Ich unterschätzte die Situation und überschätzte meine Kräfte.

Ich konnte klare Worte ziehen, habe mich vor meine Mitarbeiter gestellt, aber ein Typ war unangenehm, es wäre ruhig, aber er würde nicht jedes Mal zum Trinken laufen und die Patienten erziehen. Am nächsten Tag war er weg.

Da hätte ich ihn herausgeboxt und tat es dann mit vertraglichen Mitteln. Ich war ein guter Pfleger, der sich einsetzte und von daher war das Mobbing auch unverständlich, aber sicherlich mit internen Machtstrukturen erklärbar.

Es gab Gerichtsprozesse, der Star Mann erschien nicht, es gab aber eine gute Abfindung. Justitiar, Kuratorium, bei diesem Treffen sagte man, was ich gemacht haben soll, aber der eigene Anwalt sagte dem Kuratorium, dass die Rädelsführer zu entlassen wären, was aber nicht geschah.

Ich war brillant vor Gericht, aber was hat es mir geholfen, nichts. Fähigkeiten sind immer zu kanalisieren, d.h. in die richtigen Bahnen zu lenken. Das fiel mir immer schwer mit einem Durchhaltevermögen, das auch Geradlinigkeit zeigte.

Ich war Berufsbetreuer bis April 2000, aber dann konnte ich nicht mehr: Beziehung zu Ende, vor sich hinleben, Tabletten, Albträume, Schmerzen. Ich bekam Panikattacken und konnte kein Auto mehr fahren.

Ich vertrage das Ausgeliefertsein nicht mehr. Ich habe Angst. Angst vor der eigenen Courage? Vielleicht, aber ich müsste mich mit meinem Therapeuten wieder langsam heranarbeiten. So ganz gesund bin ich doch noch nicht.

Ich lenke, aber was machen die anderen beim Autofahren. Man heilt Phobien durch langsames Herangehen. Ich bin heute sehr vorsichtig. Es gibt kein unbedingt super Konzept zur Lösung. Aber durch das Mobbing ist eine extreme Schizophrenie, Spaltung, aufgetreten.

Ich weiß nicht mehr alles. Der eine Teil sagte wohl, ich bin super in meinem Beruf, der andere ich bin ein arbeitsloses, krankes Nichts. Schon schlimm. Alles an Kontakten weg und hilflos den Ärzten überlassen.

Was ich in der Zeit tat, darüber redet man heute nicht mehr. Ich war durch gedonnert. Ich will gar nicht mehr wissen, was ich anderen verbal antat, zum Glück nicht mit Gewalt. Ich hatte Verrücktenkraft.

Es laufen Prozesse im Körper ab, die für einen Normalen nicht verständlich sind. Die Schnelligkeit geht hoch. Du bist nicht mehr Herr deiner Dinge. Zigaretten, Alkohol, Sex steigen. Dr. Jakyle und Mr. Hyde.

Ich schrie nach Hilfe und war dann weg. Aber ich habe 20 Jahre mit Doppelleben funktioniert. Ich habe ein bewegtes Leben, auf das ich hinblicken kann, wenn ich sterbe. So hoch und so tief und doch überleben.

Das ist eben der Wahnsinn. Es existiert schon viel Kraft im Menschen, vielleicht auch duale Energie. Ich will noch einmal mehr Menschen kennen lernen. Mein krankes Leben war mit starken sozialen Kosten verbunden, was Spaltung immer verursacht.

Eigentlich hätte ich gerne in der Wissenschaft gearbeitet, Medizin, Psychologie, Philosophie, eben um das Leben. Ich habe Interesse am Menschsein. Ich finde diese Sachen wichtig, nicht reich werden. Mein Bruder wäre wohl gerne Schönheitschirurg mit Ferrari geworden.

So unterschiedlich sind die Interessen und doch so ähnlich. Hinter jedem Vermögen steckt ein Verbrechen. Von einfacher Arbeit wird man nicht reich. Wer hat das Vermögen erwirtschaftet? Letztlich ist es der Mehrwert der Arbeitenden.

Ich lebte in der Askese, wenig Urlaub, habe mir wenig Gutes gegönnt, Sport, aber so viel Luxus brauchte ich nicht, fuhr einen Diesel, aber er war mein. Ich wünsche mir schon eine schöne Wohnung, ich brauche aber nicht ständig Neues.

Eigentlich wäre aus ihm auch ein guter Pfarrer geworden, der den Menschen Gutes predigt und gleichzeitig vorlebt. Das ist eben entscheidend: das Vorleben. Das gilt auch für Eltern in der Erziehung: Vorbild sein!

Ich brauche keine Designerjeans, die unter unmenschlichen Bedingungen in der Dritten Welt produziert wird. Wir müssen Verzicht lernen, um die gröbsten Ungerechtigkeiten in den Griff zu bekommen.

Das ist schon ein wichtiges Element im ersten Semester VWL: die Verzicht-, sprich Opportunitätskosten. Wenn ich auf der einen Seite etwas will, muss ich auf der anderen Seite auf etwas verzichten. Das gilt insbesondere für Sozialisten im eigenen Konsum!

Menschwerdung

Wenn man die ersten 18 Jahre einen so schnellen Start ins Leben hat wie mein Bruder auch, ist es schwierig, ein normales Leben zu führen. Ohne die Therapie hatte ich nur Angst, alleine im Wald gelebt. Selbst der Postbote war mir schon zu viel.

Da wird man anders als andere. Man zieht sich zurück und lebt in sich anstatt mit anderen. Die soziale Kompetenz ist nicht genügend ausgeprägt. Angst vor Menschen, weil die Mutter brutal zugestochen hat.

Es war mir unangenehm, andere Menschen zu sehen. Ich zog die Gardinen zu. Es war ein depressives Element. Ich wollte in den Tod schlafen, langsam und still und leise. Das war eine Traumvorstellung von mir.

Schon schlimm, dass ein junger Mensch nicht Lebenslust verspürt, sondern dahinsiecht. Sicherlich hochintelligent, aber sozial ausgegrenzt. Und das von Kindesbeinen an. Es hat auch autistische Züge, lesen, lesen, lesen ohne Funken.

Es hat sich vieles geändert, aber das depressive blieb. Die Barbiturate verstärken das Element, indem sie Gefühle abschneiden. Ich habe viel geschlafen, Betäubung. Ich hatte auch keine Arbeit mehr, eine Schule machte ich nicht.

Da wird zuerst eine Krücke gebaut und dann eine nach der anderen umgeworfen. Ich konnte nur noch auf den Händen gehen und musste Angst haben, dass die Umwelt mir nicht die Finger brach, schreckliche Erkenntnis.

Schlafen war das ganze Leben und die Katze und der Hund. Ich war körperlich angegriffen, nur noch 52 kg, die Knochen klapperten in Richtung Magersucht. Ich hatte Angst dick zu werden und mir ist heute auch unangenehm, durch die Neuroleptika übergewichtig geworden zu sein.

Wenn man nicht Mann oder Frau werden will, möchte man auch nicht dessen Figur. Es ist ein psychisches Element, das das Essen beeinflusst. Ich wusste ja nicht einmal, was ich überhaupt werden wollte.

Ich hoffe wieder auf den Sport. Ich dachte immer nur an Männer, an die ich näheren Kontakt aufnehmen könnte. Bis zur Therapie hatte ich nichts an Werten vermittelt bekommen, denn ich wollte nicht so werden wie die Familie.

Es war negativ bestimmt, nicht voran, sondern zurück. Aber es hielt im späteren Leben von Straftaten ab. Selbst zu jemandem zu werden, der menschlich war und soziale Prämissen in den Vordergrund stellte.

Aber ich konnte nicht sagen, wie ich sein wollte. Ich hatte kein Vorbild, ein erstrebenswertes Modell. Am liebsten wäre ich kein Mann geworden. Die saufenden Typen mit Aggression, körperlicher Gewalt ohne Bremsen.

Ein Mädchen, zart und leise in einem Manneskörper. Auch die Tablettensucht, etwas typisch Weibisches, von der Mutter verordnet. Da war eben der Bruder anders. Er hatte eben unter den widrigen Umständen weniger zu leiden oder fand einen besseren Weg.

Ein wirkliches Vorbild habe ich auch heute nicht, aber Dalai Lama als tibetanischer Buddhist, das finde ich schon Klasse. Das Friedliche im Buddhismus gefällt mir ohne Kriege, was im Christentum anders ist. Krieg ist kein Gotteswille.

Was Menschen aus ihrem Glauben machen, ist nicht zu vergleichen mit der Ideologie, die dahintersteht. Inquisition, Folter, Pädophilie. Davon steht nichts in der Bibel, so dass viele Christen auch sagen, sie glauben an Gott, aber nicht an die Kirche.

Im Alten Testament steht schon Auge um Auge, Zahn um Zahn. Die Erstgeborenen werden umgebracht. Ich kann damit nicht leben. Der neue Papst hat mich positiv überrascht in seiner Bescheidenheit und dass er Leid verhindern will, sonst sind wir ein elitärer Haufen.

Aber die Katholische Kirche ist konservativ, sie ist nicht revolutionär, wie eigentlich Jesus Christus in seinem Denken und seiner Predigt war. Er war ein Mensch, der jedem als Vorbild gelten kann, wenn die Nachfahren auch so handeln würden.

Keiner weiß, was in Diktaturen mit der Kirche gelaufen ist oder keiner will es wissen. Gemeinsame Gegner wurden im Faschismus auch immer gemeinsam bekämpft. Ich bin ins Katholische hereingeboren, obwohl ich kein Kirchgänger war, aber es sitzt tief.

Das Land, in dem man lebt, kann man nicht verleugnen und nicht die eigene Sozialisation, wenn es auch die Religion ist. Weiter sollte man beachten, dass mit zunehmendem Alter, hin zum Tode, Religion wieder wichtiger wird.

Wenn ich in mich hineinschaue, ist schon eine tiefe Prägung. Es gibt das Böse, das Gute, das Fegefeuer, die Hölle. Es steckt in mir. Ich glaube daran, dass es etwas nach dem Tod gibt, die Energie ist nicht vernichtbar.

Aber leben wir nicht alles in unseren Bekannten, Verwandten, in unserem Werk weiter? Zurückgekommen ist ja noch keiner, auch nicht im Buddhismus. Und man sollte nicht glauben, dass Elend im Leben nach dem Tod irgendwie belohnt wird.

Wie das alles funktioniert, wenn Körper und Seele weg ist, weiß ich auch nicht. Man sprach früher von einer Wiedergeburt, aber heute spricht man von einer Wesenheit bis zum Jüngsten Gericht für Himmel oder Hölle.

Das Jüngste Gericht gibt es schon auf Erden, wenn man die Justiz und den Staat und die Repressalien der Wirtschaft sieht. Und wer Mobbing kennenlernte, braucht sich vor dem Jüngsten Gericht auch nicht mehr zu fürchten.

Auch in der Psychiatrie lernte ich die Fragen kennen, die mich marode machten. Ich musste mich rechtfertigen. Die sind brutal und gemein und doof in ihrer Logik. Ich glaube an ein weiteres Leben, das gerechter zugeht.

Aber dieser Gedanke hat einen systemstabilisierenden Charakter, denn die Akzeptanz des Unrechts in der Gesellschaft wird damit aufgehoben, dass es nach dem Tod besser sei. Und wer aufmuckt, kommt zu Lenin und Stalin in die Hölle.

In allen Populationen ist immer die Frage nach einem höheren Ich gegeben, etwas größerem als dem Menschen. Die Indianer hatten ihren Mannitou, die Menschen werden einfach nicht erwachsen, denn ein Überpapa bestimmt und an dem man glaubt. Kinder Gottes!

Das ist sicherlich die pädagogische Sichtweise. Aber es ist nicht Gott, der Atomraketen und Vernichtungslager baute, sondern der Mensch. Wir müssen uns so organisieren, dass

Gerechtigkeit und Wohlstand für alle erhalten bleiben oder erreicht werden.

Der Papst ist der Oberhirte und die Schafe sind dumm, das hat mir nie gefallen, das sahen wir an dem Unheil, was die Kirche angerichtet hat, z.b. den dreißigjährigen Krieg. Jesus Christus war ein Sozialrevolutionär, der heute in der Psychiatrie weggesperrt worden wäre.

Totale Schizophrenie alle Oberen einzusperren. Es wurden extreme Folgen heraufbeschworen, denn wer der Bundeskanzlerin sagen würde, sie würde nicht hinter Gott stehen, müsste ewig Neuroleptika schlucken.

Ich glaube, Jesus hat als Mensch gehandelt und gelebt. Ich bekomme aber mit Buddhismus besser zurecht, der sagt, jeder ist Gott, wenn es gleich gesetzt ist mit Leben. Was mir nicht gefällt, Menschsein mit Zerstörerischem, z. B. Auschwitz, zu verbinden.

Das ist schon frappierend, wozu der Mensch fähig ist. Er ist kein gutes Wesen, und wenn er gut ist, wird er ausgenutzt. Eine Fabrik, Menschen zu quälen und zu vernichten, ist zwar nicht typisch deutsch, aber in der Form noch nicht aufgetreten.

Es wurden Homos, Kommunisten, Zigeuner, Juden vernichtet. Auch Lenin und Stalin forcierten Konzentrationslager für Andersdenkende, aber eben das typische Vernichtungslager war eine Erfindung von Hitler und Genossen.

Die Perfektion des Tötens stammte aus Deutschland. Und das muss ewig diskutiert werden. Früher in der Schule wird vermittelt, über das dritte Reich spricht man nicht, genau wie über mein Leben. Das soll vielen jetzt lästig werden.

Das ist eine gute Einstellung. Vielen soll der Spiegel vorgehalten werden. Was habt ihr an mir angerichtet? Man soll nicht mehr darüber hinweggehen. Auch wenn es nicht die Lösung meiner Probleme bedeutet, aber es ist ein innerer Vorbeimarsch.

Die Schwachsinnigen, die ein Kind umbrachten, denen man es nicht nachweisen konnte und freigesprochen wurden. Solange es Missbrauch gibt, solange muss es auch Bücher und Biografien geben, um die Welt zu informieren.

Das gilt auch für NSU-Morde. Die Politik ist auf dem rechten Auge blind. Rechtsextreme Taten und Gedankengut darf es in Deutschland nicht mehr geben. Ausländern die Taten zuzuschieben ist üblich, lieber die Hälfte der Linkspartei im Bundestag kontrollieren.

Die Deutschen sind hängen geblieben. Es waren Verbrechen gegen die Menschheit. Man konnte ihn nicht mehr schönreden, auch wenn es man heute teilweise noch versucht, wenn man die Diskussion um die NPD-Verbote ansieht.

Viele haben nichts aus der Bibel genommen. Ich glaube an die Heilkräfte des Verzichtens. Wenn wir gut mit der Erde und den Mitmenschen umgehen wollen, dann geißelt man auch die Mär, dass Arme dissozial sind.

Nein, die effektiv nicht Gesellschaftsfähigen sind die Reichen. Da sagt auch die Bibel: Bevor ein Reicher in den Himmel kommt, geht ein Kamel durchs Nadelöhr. Wahre Worte, wenn auch wieder systemimmanent.

Die Sportklamottenkameraden geißeln sich in immer noch größeren Villas. Die Spitze ist noch lange nicht erreicht. Das ist süchtiges. krankes Verhalten, immer noch einen Kick, ein Rausch, noch ein größeres Haus mit Swimming-Pool.

Das ist eben das Erbe des Kapitalismus. Dadurch werden die Menschen auch manipuliert. Man sieht den Unterschied, dass noch heute in dem ehemaligen DDR-Gebiet andere politische und soziale Verhaltensweisen als im Westen vorherrschen.

Wenn es keinen Kick mehr gibt, scheint nur noch die Perversion sich zu steigern im Sex, totale Entmenschlichung. Es hat nichts mehr mit Gefühlen zu tun. Die Würde ist nicht mehr da, wenn sich Männer Knaller in die Möhre machen lassen.

Der Kauf- und Sexrausch ist gewollt. Sigmund Freud hat den auch schon erkannt. Er sagte, es sind die Triebe. Aber durch die Sozialität kann das geregelt werden in eine Bahn, die gesellschaftlich konform ist.

Ich wusste nicht, dass man im Internetsex innerlich verschmutzt. Da tun mir die jungen Leute leid, die sich mit 12 Jahren das anschauen ohne Begleitung. Aber jede Generation ist immer aufs Neue mit Sexualität konfrontiert.

Die beste Aufklärung ist immer noch durch die Eltern, wenn einem Jungen durch einen Waldspaziergang vom Vater der wichtige Umgang mit Frauen erklärt wird. Sexualität vererbt sich durch Sprache.

Andererseits ist nicht okay die Homo-Ehe, für mich lachhaft, wenn Heteros darüber entscheiden, ohne das Ganze nicht nachvollziehen können. Der männliche Freund ist nicht so viel wert und das zeigt sich im Internet: Was machen die denn da?

Erst seit 1968 wurde die Homosexualität nicht mehr bestraft mit Legalisierung der Ehe 2001, aber gesellschaftsfähig ist sie wirklich immer noch nicht. Es bleibt noch eine Minderheit mit Dunkelziffer. Da ist sicherlich auch Toleranz gefordert, wenn es nicht pervers wird.

Ich war sozialer Rebell mit Mut und Schmerz. Verletzungen waren da. Wie mein Bruder kämpfe ich für das Gute. Ich kämpfte gegen Ungerechtigkeiten, aber zuschlagen bedeutet auch verletzen. Ich habe durchweg gegen die bösen Opas gekämpft.

Es liegt sicherlich in der Kindheit. Ich möchte ein anderes Umfeld, eine bessere Gesellschaft, die mir weniger weh tut. Aber das Mobbing im Altenheim zeigte mir, dass ich kaputtgemacht werden kann.

Ich war nicht unüberwindbar. Wie Don Quichotte, der gegen Windmühlen kämpft. Ich war brillant, aber das reichte nicht. Viele Hunde sind des Hasen Tod. Kämpfen will ich nicht mehr. Das in den Ring steigen, ist vorbei.

Schluss mit Rambo und aufwärts mit einem Menschen, der sein Leben in Abgrenzung und eigenen Prioritäten lebt. Wenn man einmal die 50 erreicht hat, sollte man schlauer sein. Schließlich habe auch immer nur für den Genuss anderer gekämpft.

Ich will ein friedliches Leben führen wie ein Freund, der in Rente ist, abends im Discounter saubermacht und meditiert und Projekte macht. Er lässt sich auch nicht einspannen, ein echtes Vorbild für innere Gelassenheit.

Mit sich zufrieden zu sein, ist ein oberes Lebensgebot. Das muss man sich aber auch erarbeiten wie eine gute Beziehung. Jeden Tag ein neuer Kampf, wenn man es will, das ist wohl das entscheidende. Glück ist der Wille zum Erfolg!

Ich habe über die Hypnosetherapie und den helfenden Beruf lange nachgedacht. Ich glaube, dass mich das weiterbringt im Begreifen des Menschseins – Ego als dienende Funktion - mit Unter- und Tiefenbewusstsein, Ansprache wie Götter anzusprechen sind.

Ich muss mich da noch weiterbilden. Aber es sind schon totale Gedankengänge. Ich hoffe, irgendwann Assistent zu sein in der Heilung. Nicht mehr Patient, sondern als Betroffener selbst heilen, eine schöne Vorgabe.

Durch die Therapie habe ich einen ganz anderen Blickwinkel. Die totale Heilung erfolgt bei mir, sonst in der Schulmedizin nur Linderung der Symptome mit Normorientierung. In ein, zwei Jahren plus Selbstheilungskräfte bin ich fit.

Ich weiß genau, was ich will und was mir angetan wurde. Keine Depotspritzen, keine Neuroleptika, sondern ein gesundes Leben, das wünsche ich mir. Es ist möglich, auch wenn das Alter schon fortschreitend ist.

Nach fünf Jahren klassischer Therapie sah ich nur noch den Tod. Aber ich bin trotz depressiver Elemente nicht der Typ dazu. Ich weiß, wie ich sein will. Ich bin kein Menschenhasser geworden, das habe ich schon als kleiner Junge begriffen.

Ich bin ein durch und durch sozialer Mensch, der auch sein letztes Hemd gibt, bevor der andere erfriert. Das ist schon wichtig, wobei natürlich eine gesunde Abgrenzung dazu gehört. Ich und Du sind nicht gleich.

Letztens haben sie einen deutschen Jungen, einen indischen und afrikanischen. Der deutsche Junge berichtete über 1000 Freunde in Facebook, der afrikanische auf Zusammenhalt im Dorf. Schlecht geht es dem Deutschen, wenn er wirklich Hilfe braucht.

Die heutige digitale Welt ermöglicht zwar leicht an Informationen zu kommen, aber sie ist nicht warm im sozialen Zusammenhalt. Man kann sich Partner fürs Leben suchen, auf Knopfdruck nach Bild. Das spontane Gespräch wird absorbiert.

Abgrenzung

Ich will mich nicht ausnehmen lassen, wie aus der Musik meiner Ursprungsfamilie, das ist schwierig. Das beste Beispiel sind die Frauen, die immer wieder an Männer geraten, die sie schlagen.

Ich wurde finanziell und emotional geschlagen, d.h. ausgenommen. Abgrenzung bedeutet dies zu unterbinden und frei von anderen Menschen nach eigenen Vorstellungen, aber mit sozialen Bindungen zu leben.

Ich suchte mir auch wieder Partner mit gleichem Strickmuster, wenn auch anderer Verpackung. Ich gleiche Defizite aus und war artig und gehorsam. Unentbehrlich, unverzichtbar, da fühlte ich mich egoistisch gebraucht.

Liebe kann man sich nicht erkaufen, Liebe bekommt man geschenkt. Aber es gibt natürlich gerade Frauen und das ist in unserer Biologie bestimmt, die sich aushalten lassen. Und dann mit der entsprechenden Sozialisation wird die Partnerschaft einseitig.

In meinem Helfersyndrom war ich für den anderen da sein, aber es ist die Gefahr, dass man den anderen beherrscht plus der Gefahr des eigenen Ausbrennens. Es ist Arbeit dahin zu kommen, nicht wieder in die Funktion abzudriften.

Geben und Nehmen muss eben im Einklang stehen. Input und Output müssen wie in der Physik im Einklang stehen. Letztlich stammen wir ja aus der Natur und solche Defizite sind uns anerzogen, eben nicht Gott gegeben.

Ich muss da am Ball bleiben, weil man mir einredete, ich wäre nicht liebenswert. Sonst bleibe ich lieber allein. Mehr oder weniger sind das zehn Jahre, denn mein jetziger Partner ist nicht wirklich. Aber jetzt könnte noch einmal etwas kommen.

Wer Probleme durch eine Partnerschaft lösen will, der bekommt Probleme. Das ist ein altes Gesetz der Paarpsychologie. Ich muss zuerst mit mir im reinen sein, um Nähe aushalten und geben zu können.

Mein Bruder ist ja aktiv in seinem Job, aber eigentlich auch alleine. Woher bekommt er seine Lebensenergie? Ohne Menschen bekommt man nichts zurück. Es fehlt die Sozialenergie im Leben. Das Netz der Gleichgesinnten!

Aber es ist eben zu bedenken, dass hier in dem Netz der gleichen Opfer es keiner schaffte, wieder auf die Beine zu kommen, also muss man sich Normale suchen, um wieder Kontakte aufbauen zu können.

Ich reduziere die jetzige Partnerschaft immer mehr, da ich seinen Weg nicht mitgehen will. Von sozialer und intellektueller Intelligenz unterscheiden wir uns sehr. Auch wenn es letztens auf die Persönlichkeit ankommt.

Es gibt schon Paare mit sehr unterschiedlicher Schicht, aber da muss die persönliche Ebene schon sehr ausgleichend sein. Man will ja auch reden und nicht nur Sex haben. Fürs Bett sind Standesunterschiede egal.

Abitur und Studium sind nicht die Voraussetzungen für einen respektablen Menschen. Ich wünsche mir aber schon einen Menschen, wo ich meinen Kopf benutzen kann, wie bei meinem Mann aus dem Ministerium.

*Es ist schon schön, wenn man einen Menschen liebt und Nähe
ertragen kann, mit dem man auch nächtelang diskutieren kann.
Das ist dann Kommunikation im Vollkommenen, obwohl dies
abschwappen kann und oft auch neu belebt werden muss.*

Meinen ersten und jetzigen Freund habe ich in Therapien
kennengelernt. Es geht um Gefühle. Erstaunlich, dass nicht
noch mehr Beziehungen herauskamen. Aber meine Freundin
und danach der Freund waren so aus dem Leben kennengelernt.

*Ich schwanke zwischen oben und unten, obwohl sich immer die
Problematik der Abgrenzung durch mein Leben zieht. Heute
habe ich es im Kopf, kann aber die PS noch nicht wie
Sebastian Vettel auf die Straße bringen.*

Seit 1978 weiß ich, dass zwei Kranke noch keinen Gesunden
ergeben. So sollte sich keinesfalls zwei Alkoholiker
zusammentun. Es ist traurig, wie schwierig es ist. Der eine Teil
will die Veränderung, der andere scheitert.

*Da ist doppelt schwer, weil gerade das Netz der
Gleichgesinnten wichtig ist, aber man sucht sich besser
Kontakte im Bereich der Hobbys, um Leute kennenzulernen, die
auf einer Wellenlänge spuren.*

Wenn ich im Bett liege, der andere hat eine Fahne, dann ist es
vorbei, dasselbe bei psychischen Erkrankungen. Daher ist
meine jetzige Beziehung schlecht, weil er sich wohlfühlt in
Betreuung und Alkohol und Spielsucht.

*Krank leben macht keinen Spaß. Ein gesundes Leben ist ohne
Leute um mich herum, die mich gestalten und planen. Die
aufpassen, dass ich meine Medikamente nehme. Ich will ein*

autarkes, selbstständiges, individuelles Leben, nicht wie eine Ameise.

Das ist das Wollen, aber auch ohne Aufpasser kann man fremdbestimmt sein und zwar vom Inneren. Das Unterbewusstsein steuert unser Handeln, auch wenn heute das Ego, das Bewusstsein mehr klar sagt, was ich will. Aber tue ich es?

Die Ameise geht in der breiten Masse unter, ich möchte es nicht, auch wenn es sozial gewünscht wird. Ohne PC und Internet bist du dissozial. Ich bin ein Systemcracker, der in keine Schublade passt.

Davon merkt man eigentlich nichts, aber es schlummert. Ich passe mich nicht gern an, ich will ein eigenes Leben. Ich lasse mich auch nicht leicht einer Gruppe zuordnen. Ich will nicht glatt durchkommen.

Ich verkaufe mich nicht, um gut durchzukommen. Ich bin ja still, aber stille Wasser sind tief. Genauso lasse ich mich nicht in die Homo- oder Hetero-Welt einordnen. Spätere Welten werden beurteilen, was ich bin.

Das hat schon etwas Geschichtsträchtiges, wenn man als einsamer Künstler der Nachwelt überschreiben will, was man wirklich war. Weiß man dann es selbst zu Lebzeiten nicht? Man sollte immer Lebensprioritäten setzen.

Ich will Frieden, wie Kohl, Reagan oder Gorbatschow. Ich kann mir auch irgendwie vorstellen, was ich machen möchte. Vorbilder sind auch Mönche, Freunde oder auch Verrückte, die Frieden wollen. Oder jemand, der Bücher geschrieben hat.

Es ist Klasse im intellektuellen Bereich. Nichts von dem, was mit Aggression durchgedrückt wird oder nur aus purer Gewalt besteht. Aber sind da nicht immer Schein als Sein? Sind diese Vorbilder nicht auch Menschen mit Stärken und Schwächen?

Ich will niemandem zur Last fallen und wie der Mönch war auch meine Arbeit eine Berufung. Ich weiß nicht, ob ich noch einmal die Chance zu einer neuen Beziehung habe. Ich weiß nicht, ob man mich arbeiten lässt mit meiner Pep-Pille, meinem neuen Medikament.

Eigentlich ist alles in der Vage. Es wechselt auch zwischen Zielen und Zweifel. Ein Ziel sollte man angehen und so ist bei der Hypnoseausbildung zu spüren, dass es ein Wunsch ist, aber wiederum mit Ängsten belastet.

Mit Anti-Depressiva klappte es nicht über Jahre und jetzt geht es nach meinem Willen, auch wenn es finanziell teuer ist. Wer heilt, hat recht! So gilt der Grundsatz in Deutschland. So war es auch mit dem Testosteron, das ich verschrieben bekam.

Ich heile mich selbst, weil ich mehr über mich weiß als andere. Es ist schön und das kommt sicherlich durch die neue Therapie. Aber es ist nicht nur der Körper und seine Organe, sondern das Soziale und Berufliche, was gesteuert werden sollte.

Die Schulmedizin brachte keine Heilung, denn meine Hormone wurden untersucht und ich bezahlte es selbst. Letztlich wurde es dann doch vom Arzt beglichen, weil er es entdeckte. Jetzt bekomme ich es als Gel: der Mann aus der Tube.

Es gibt das bei vielen Männern, die Neuroleptika nehmen, aber das Gel hat wieder Nebenwirkungen, weil es zu Zittern und

146

Aggression führen kann. Die Medikamente gehen alle auf die Libido, aber es ist kompensierbar bei einem Partner mit Emotionen.

Ich treffe viele Männer im Sportstudio, die in ewiger Pubertät leben. Mein Lebensziel war Lernen und auf einem Stand zu leben, ist nicht erstrebenswert. Das ist nicht mein Ziel des ewigen Gestern. Es lernt sich nicht so gut mit 50 wie 20, aber es gibt noch welche mit 70, die den Doktor schreiben.

Die Pubertät ist für manche sehr schön, aber darin stecken zu bleiben, bedeutet nicht erwachsen zu werden. Obwohl nur erwachsen zu sein, kann auch stinke langweilig sein. Gerne springt man einmal über die Stränge, verstößt gegen Regeln.

Vielleicht lande ich bei der AWO als Digitalisierer bis zur Rente oder kann ich mir noch einmal ein neues Berufsbild aufbauen? Gibt es die sieben fetten und mageren Jahre, die sieben Tage, die Zellenerneuerung in sieben Jahren? Der Mond geht auch dreimal sieben.

Wir entscheiden nicht, wir sind abhängig von der Natur. Wir haben nicht dem immensen Einfluss, vieles wird aus dem Unterbewusstsein ins Langzeitgedächtnis übernommen. Das menschliche Gehirn ist fantastisch.

Sollen wir aber deswegen aufgeben, zu entscheiden. Das bedeutet es nicht. Wir müssen reflektieren und unsere Schlüsse aus unserem Handeln ziehen. Obwohl die Einstellung das Verhalten nicht determiniert, sondern das Sein das Bewusstsein.

Ich hatte auch meine Siebenerphasen, mit 21 weg von der Familie, 21 Jahre Erfolg im Beruf und Beziehungen ausprobieren. Ich hoffe aber nicht, dass das Kranksein 21 Jahre, drei mal sieben dauert.

Auch bei noch nicht vollkommener Gesundung bleibt mir die Hoffnung, einen guten Zyklus noch einmal zu erreichen. Dazu gehören aber auch Entscheidungen. Wer sich trennen kann, hat 80% vom Leben gemeistert.

Alle Missbrauchten brauchen ein Pep-Pillchen, der seelische Schmerz bedeutet weniger Lebensenergie. Heute bei der AWO brauche ich das ganze Wochenende platt zu sein und ausruhen, um wieder arbeiten zu gehen. Es geht mir aber deutlich besser als allen anderen aus der Selbsthilfegruppe.

Es ist schon frappierend, wie eine verkorkste Kindheit so lange nach erfolgreichem Berufsleben nachwirkt. Oder ist es der Grund, dass aufgedeckt wurde, wer der Vater ist und damit eine Bremse angezogen wurde?

Normal ist der Psychiatriezirkus, nicht mehr tagestauglich. Es gibt dann eine Hilfe zum Leben. Aber keiner ist so fit wie ich, der alleine durchs Leben geht. Was in der Kinderseele zersplittert wird mit diesen enormen Hammerschlägen, das wirkt sich auf das ganze Leben aus. Viele sterben früh und das taucht in keiner Statistik auf.

Es ist wie so oft in der Psychiatrie ein Lotteriespiel. Zum Beispiel bei Psychosen spricht man von der Drittel-Regel: einmal ist kein Mal, zweimal auch noch ok, aber bei dreimal chronisch krank mit Depotspritze. Der Mensch bleibt so als Individuum auf der Strecke.

Bisexualität

Meine Mutter unterband Mädchenkontakt bis 1978 zu meiner Geistmutter. Meine Oma wollte auf keinen Fall weibliche Konkurrenz. Meine Mutter benutzte meinen Körper wie einen Vibrator, um sich Lust zu verschaffen. Die Öffentlichkeit verweigert das.

Ich ging durch ein Jammertal, das geprägt war von Schmerz und Empfindungen zu einer Frau, die mit viel Ekel behaftet war. Eine Homosexualität wurde geprägt, die später mehrgleisig wurde, ohne jedoch eine definitive Entscheidung treffen zu können.

Die Männer haben auch Angst davor, dass Frauen ohne Schwanz leben können. Frauen, die sich kleine Jungs nehmen, können genauso grausame Sachen machen wie Männer mit kleinen Mädchen. Frauen gehen mit Raffinesse daran, schleimiger, nebulös.

Das Bild ist grausam. Da wird sehr viel in der kleinen Seele zerbrochen. Scheinbar ist der Missbrauch an Jungs schwerer zu verkraften als bei jungen Mädchen, obwohl die auch ihr Leben lang leiden müssen und ihre Sexualität beeinträchtigt ist.

Das Kind denkt, man will mit ihm spielen, aber es ist etwas Anderes. Das Lachen war falsch und misstrauisches Beobachten. Sie lauerte in der Badewanne. Es war eine Scheinangst, dass ich etwas merken könnte.

Was für ein Gefühl für das Kind. Ich wollte es nicht und konnte mich nur durch eine Spaltung wehren. Ich erlebte nicht Liebe, sondern Angst und Ekel. Abscheu vor einem Prozess, der einen immensen seelischen Schmerz verursachte.

Es war aber kein Spiel, aber gerade in der Badewanne, als ich wegschaute, da brach etwas in mir. Es war die Voraussetzung für die gespaltene Sexualität. Das Heterogene war lange unter der Bettdecke, ich glaubte, nur schwul zu sein.

Es macht mich heute noch traurig. Es ist unfassbar, was sie mir antat. Ich hatte Angst und Abneigung gegenüber Frauen. Jahre und auch heute hat sich noch kein normales Verhältnis eingespielt.

Ich frage mich, warum sie es machte. Einerseits lebte sie auch kein normales Leben, andererseits machte sie mich zum Sohn, Partner. Meine Schultern waren viel zu klein für ihre Sorgen und Nöte. Sie band sich an mich.

Da ist wie wenn man als kleiner Junge, wenn der Opa stirbt, bei der Oma dessen Platz einnimmt und die Hauskatze sich auf die kleinen Schultern des Jungen setzt. Das ist sicherlich noch ertragbar, aber sicher nicht, wenn früher bis später die Mutter das Kind zum Hilfs-Ich macht.

Sie musste früh auf die Kühe aufpassen, bei Schulausflug durfte sie nicht mit. Es war auch eine Methode, mich noch näher an sie zu binden. So konnte ich mich nicht zu einem normalen Mann entwickeln. So half ich gegen den Opa, wenn er anpackte.

Es war eine Mutter-Kind-Symbiose, die früh hätte getrennt werden müssen. So schwer es fiel, ich hätte mich in einer anderen Umgebung zum Manne entwickeln müssen. Besser in einer Pflegefamilie als sexuell missbraucht.

150

Es ging auch um Hose oder Rock. Auf dem Land war der Rock an erster Stelle, so dass Opa recht gut zugreifen konnte. Irgendwann trug meine Mutter nur noch Hosen. Als Krankenschwester Tracht mit Haube und Embleme.

Sie versuchte sich schon zu schützen, aber ist das so entscheidend. Neben dem Hintern gibt es ja auch noch Mund und Busen. Auch hier wäre die Symbiose-Opa-Mutter zu unterbinden gewesen, da auch hier frühe Vergewaltigung stattfand.

Irgendwie hatte eben meine Oma auch den Tick ein kleines Mädchen zu haben, sowohl meine Mutter als auch mich in Mädchenkleidern. Ich war ja auch still und eben alle Männer der Familie waren sicherlich kein Vorbild.

Ich verachtete die Männer regelrecht und dann bleibt der Weg als Mann ausgeschlossen. Schwul mit einem Mann, der Liebe gibt, aber dann auch nicht funktionierend. Im späteren Leben, Frauen waren Konkurrenz und Männer enttäuschten.

Ich hatte kein Bild von einem Mann, zu dem ich aufsehen wollte. Ich versteckte mich hinter meinen Büchern als Miniaturprofessor plus Fotos. Das ist heute weg und traurig von mir. Das sind viele emotionale Erinnerungen.

So geht es vielen, die einmal eine weite Reise in die Psychiatrie oder Knast machen. Alles weg, schade. Gefühle sind schon wichtig und das hat auch nichts mit Sentimentalität zu tun, wenn man an Dingen und Erinnerungen hängt. Es zeugt von Menschlichkeit.

Ich konnte einfach kein Mann werden. Aber ich hatte einen Theologen als Vorbild, der später etwas Anderes studierte, hochintelligent. Oder der Vater meines Bruders. Aber ich hatte keinen Mann, dem ich gerne gehorcht hätte, um die Rebellion zu unterdrücken.

Wenn man stark ist, weiß man es besser und wird dann durchs Leben geprägt. Anecken kann dann bis zum Herauswurf führen, wie ich es kennenlernte. Bis zum Ausbrennen. Und dann steht man vor dem Nichts und gerade in dem Moment sind die Selbstheilungskräfte gefragt.

Erst mit 18 Jahren hatte ich Väter wie Sozialarbeiter und Psychologen, mit denen ich mich intellektuell austauschen konnte. Väter sind wichtig und man braucht in dem heutigen schweren Leben mehrere, wie sie der Student auf der Uni hat.

Für meine Familie war ich schlecht wie bei meiner Mutter. Alle ihre Erfolge bei der Arbeit wurden nicht anerkannt. Meine Rebellion war schon früh da. Ich musste mich früh gegen Erwachsene durchsetzen.

Wenn alles was man tut, nicht anerkannt wird und so oft das Negative gesehen wird, stellt man sich auf eine andere Stufe. Man ist durch die Rebellion höher. Man wehrt sich und versucht eine gerechtere Ordnung herzustellen.

Meine Onkel haben zugeschlagen bevor sie fragten, nur nicht bei mir. Aber psychisch drangsalierten sie mich, sie traten sogar emotional, sogar ich schon am Boden lag. Sie hatten Angst gemacht und gingen auf meine Mutter los und wollten sie entsorgen.

Es war eine Welt, die nicht erstrebenswert war. Viele Kinder sagen, wir machen es einmal besser. Viele Kinder laufen aber

auch in der Schiene der Vorfahren. Das hat damit etwas zu tun,
ob man den Schalter herumdrehen kann.

Ich habe mich immer dazwischen gestellt. Wegen Streitigkeiten, wegen Mist. Alle wussten, dass ich vom Opa war. Alles mit Eifersucht und die Mutter wollten sie wegen Frauen bald umbringen. Welcher Skandal, welche Blase wäre geplatzt.

Da steckt schon viel Angst in einem Kind und gleichzeitig der Auftrag, die Mutter zu schützen. Aber es bleibt eine Überforderung und zudem zu jemandem, der selbst Täter ist. Das ist eben die Voraussetzung für Schizophrenie und Spaltungen im Leben.

Unberechenbare, gewalttätige, primitive Männer. Sich an eine Frau zu kuscheln, hat die Mutter kaputt gemacht. Sie sagte mir deutlich, dass Frauen keine Nähe vom Mann haben wollen. Der Opa war ja auch nur mit Gewalt beim Sex tätig.

Das ganze Konstrukt ist differenziert, aber bei näherem Hinschauen schon dialektisch zu verstehen. Mann und Frau negativ besetzt, also Homosexualität mit Frauenrolle, bis die Frau Konkurrentin wird und man sich ihr selbst zuneigt.

Als ich klein war mit meiner Freundin, hat meine Mutter gesagt, ich sei ein Schwein, keine Chance zur normalen Entwicklung. Also kein Mann in der Umgebung als Vorbild, und mit Frauen war ich negativ besetzt. Der Ausweg war Mann-Mann-Zusammenleben.

Es war eine Notlösung, die aber mit vielen Emotionen behaftet, nicht vorbereitet. Und Notlösungen sind nie echte Lösungen. Sie befriedigen nicht voll. Sie stecken im Ungleichgewicht. Und wenn keine echte Balance vorhanden, bleibt einer auf der Strecke.

Das erste Mal sah ich auf einer Kirmes, dass zwei Männer sich am Tresen abknutschten. Da begriff ich eine Chance für Gemeinsamkeit. Ich bekam keine Luft mehr. Ich sah eine Chance, eine dritte Art, ein Ausweg, aber keine Spaltung.

Was viele verabscheuen, war bei mir wie eine Bombe eingeschlagen. Das war es, aber zuerst nur vom Anschauen, während andere dies gefühlsmäßig leben. Da spielt auch viel Ratio mit, genau wie nicht den Weg des Täters eingeschlagen zu haben.

Ich suchte meinen Platz im Leben. Die homosexuelle Liebe war die Möglichkeit, mich zu finden. Aber in meinem Dorf mit 300 Einwohnern sehr schwierig. Sonst konnte man sich erst im Kino die Problematik anschauen.

Ich war schon auf der Suche, aber konnte dann schon meine Erfahrungen machen. So war es nicht, denn die Wünsche standen plötzlich fest. Ich hatte mich entschieden und konnte loslegen. Wie wahr, aber wirklich unterbewusst gewollt?

Meine erste lange Beziehung ist ja schon beschrieben, aber mein erster sexueller Kontakt war in der Schule mit einem Jungen, der jedes Jahr die Schule wechselte, verhaltensauffällig, das erste Mädchen flachlegte und weitreichend Erfahrungen hatte.

Ich schnappte mir immer die härtesten Machos mit Doppelseitigkeit. Ist es da nur Mannesliebe oder auch das Gefühl der Stärke? War ich mehr Frau oder Mann? Eigentlich spielte ich die Frauenrolle, die später den Partner sexuell und materiell verwöhnte.

Selbst die härtesten Heteros kriegte er herum, während des Unterrichts unter der Bank einen heruntergeholt. Für uns normal in der verklemmten Atmosphäre. Die Tante war Stripperin und wir sexuell aufgestaut mit 13, 14 Jahren.

In anderen Schulen ging es da aber noch gesitteter zu. Sicherlich küsste man sich, aber so ein Wildwuchs war in der Großstadt nicht gegeben. Da wussten Jungs und Mädels schon eher was sie wollten und wie schön Sexualität mit Emotionen sein konnte.

Der Junge konnte überzeugen bezüglich der Homosexualität und ist später alkoholkrank vor die Hunde gegangen. Viele Männer soffen und die Frauen auf Barbiturate. Und der Junge hat bei mir übernachtet und ich war den nächsten Morgen nicht mehr Jungfrau, aber meine Mutter unterband die Beziehung.

Das passte nur doch nicht mehr in die Welt des Katholizismus, aber sollte ich ein Neutrum bleiben. Meine Neigung war festgelegt und letztlich lebte ich sie ja dann auch. Bis heute, aber nicht mehr mit der Nähe wie früher.

Die Mutter nahm mir alles, aber sie konnte es nicht wegmachen. Ich war nicht mehr allein, es gab Menschen, die mich attraktiv fanden mit schönem Gefühl der Verliebtheit. Aber ich bin nicht zusammengebrochen, habe zu mir gestanden.

Das ist doch eine deutliche Erfahrung in frühester Jugend. Die Sexualität war gepolt, auch mit Vorwürfen und Gemetzel in der

Familie. Ich war schwul und das ist gut so, wie ein berühmter Bürgermeister sagte.

Lieber ein Klos im Hals, aber nicht kleinreden lassen. Ich war zwar still, aber bewusst, was ich wollte. Ich wirke stark auf Gruppen. In der Kommunikation mit der Familie und Gewalt ging das nicht bis zur Therapie.

Es ist eine Tendenz von vielen, die alleine ganz anderes auftreten als in der Gruppe und dies ist ein Männerprivileg, denn in der Höhle können wir uns ausruhen und auf der Jagd müssen wir uns durchsetzen.

Viele Jugendliche funktionieren auch über Gewalt und gingen auf mich los. Die Therapeutin zeigte mir, dass ich mich verbal auseinandersetzen müsse. Der andere verließ den Raum und ich hatte gewonnen. Sonst wäre auch der Heimleiter nicht möglich gewesen.

Überhaupt ist Durchsetzungsvermögen brillantes Moment, die Stärken zu zeigen. Aber es zeigt auch die Schwächen im persönlichen Bereich, verletzlich zu sein, was man mit Kraft ausgleicht. Und gerade durch die Energie, die später durch die Misshandlungen fehlen sollte.

Meine Menschenangst ist gut behandelt worden durch die Messung mit anderen. Das war schön und toll. Eine große Veränderung zu sehen, dass ich nicht verrückt war. Früher hatte ich Alkohol getrunken, ausgekotzt und weiter getrunken.

Die anderen sind oder waren krank. Wenn man diese Meinung durchsetzen kann, ist es toll für einen Angeschlagenen. Das Trauma wird klarer, wenn auch nicht behoben. Die

Lebensführung zeigt dann aber auch, dass noch lange nicht alles rund lief.

Eierlikör, Schlückchen Bier. Aber ich habe einen Superekel gegen Alkohol durch den Opa. Es ging nicht mehr. Alkohol kann verheerende Wirkungen als Familienkrankheit und auch psychische Krankheit bis zur körperlichen Abhängigkeit haben.

Unsere westliche Gesellschaftsdroge ist daher doch nicht so einfach zu sehen wie viele es auf Werbeplakaten zeigen. Letztlich wirkt er enthemmend, steigert das Selbstwertgefühl und führt zu Aggressionen.

Illegale Drogen können vollkommen ruinieren und sind auch behandlungswürdig auf psychischer Ebene. Mein Schwulwerden war dann das Herauswinden aus einer Umklammerung, aber mit der Kumpanin, die ich umarmte und dann erregt wurde, war die Zweigleisigkeit vorprogrammiert.

Alkohol enthemmt wie die Bisexualität, indem man wahllos alle Chancen wahrnimmt, die sich einem bieten, aber es ist eine Befriedigung der kapitalistischen Welt, die als degenerativ erscheint und auch schon im Römischen Reich zu beobachten war.

So haben auch Heteros eine Reaktion bei einem Mann, so hatte ich genügend Beispiele im Privaten als auch im Call-Boy-Geschäft. Ich hatte Schwierigkeiten mit der Ordnung, als auch Frauen mich erregten.

Wie gesagt, die Welt ist nicht mehr eindimensional, wie man noch in den 60er Jahren dachte. Es geht drunter und drüber. Aber da muss man auch einmal für sich in Rechenschaft gehen

und eine Entscheidung treffen, denn nur Konsum führt zur
Verschuldung.

Ich weiß nicht wirklich, was ich will. Die heterosexuellen
Anteile brachen dann irgendwann auch durch. Wieder wusste
ich nicht, wo ich hingehörte. Die Gedanken an den Missbrauch
taten dann aber ihr Übriges, um wieder ins Flattern zu geraten.

Es ist wirklich schwierig, da eine gerade Linie zu fahren. Alle
Weltbilder sind besetzt und nicht normgerecht oder sie
entsprechen nicht dem wirklichen Ziel. Und subjektive Ziele
sind immens wichtig, ein befriedigendes Leben zu führen.

In den obersten Bereichen des Bewusstseins ist mir noch nicht
klar, was ich will. Ich brauche noch Unterstützung alle vier
Wochen, obwohl die enge Therapie aus Kostengründen beendet
ist. Ich quäle mich auch nicht mehr und habe auch Lebenslust.

Das ist schon einmal ein wichtiger Schritt. Auch nicht der
zweite vor dem ersten. Es ist eben ein langer Prozess, und jetzt
muss ich mithelfen, den ersten Gang einzulegen, um
durchzustarten,   das
Ziel zu erreichen.

Den Polizisten würde ich gerne noch einmal wiedertreffen,
aber ich ging noch nicht auf die Internetplattform. Jetzt bin
auch nicht mehr so müde und wir sind alle die Folgen der
Traumatisierung durch Kompensationsverhalten aufzuarbeiten.

Es ist schwer zu verstehen für einen Außenstehenden und man
merkt es dem Betroffenen an, nicht nur die fehlende Fitness,
sondern auch die unendliche Traurigkeit in den Augen, als ob
sie immer weinen ohne Tränen.

Durch die Methode auszugleichen bin ich aber fähig Lücken zu finden, wo Vorteile gegenüber anderen bestehen. Ich war immer durch einen gewissen Druck zu enormen Leistungen angetrieben. Es reichten nicht mehr 40 Stunden.

Es hat etwas Unmenschliches an sich und wird von vielen ausgenutzt. Die Verrücktheit oder über Grenzen zu gehen, hat nicht nur Vorteile für einen selbst, z.b. mehr Geld zu verdienen, sondern auch für das Umfeld.

Ich hatte wahnsinnig viel Energie, sowohl für Arbeit als auch Freizeit. Ich hatte Power wie kein anderer, was aber später weg war. Es war ein Dampfkessel, der Überdruck war weg durch die Erkenntnis der Vaterschaft.

Wurde nicht die Vergangenheit weggeblasen? Stand nicht die Schuld des Opas immer parallel zu der Power. Die Mutter hatte ihr Übriges getan und die Voraussetzung für die zwei Persönlichkeiten geschaffen, die auch beidseitig touren konnten.

Alle Auswirkungen durch die Traumatisierung, mit denen ich jeden Tag beschäftigt war und jede Nacht Albträume mit drei Tagen Wirkung. Damit müssen sich auch Missbrauchte herumschlagen, kein normales Bett, sondern auf der Couch sitzend schlafend.

Man glaubt es kaum, aber die ganze Lebensführung ist beeinträchtigt. Wie findet man Ruhe, wie kann man sich von den Strapazen des Tages erholen? Ich habe für mich bisher nur teilweise Wege gefunden.

Richtig ausgeruht bist du nicht. Es ist eine Kutscherhaltung. Trotzdem sehne ich mich nach einem Menschen, vielleicht auch einem Engel. Ich werde nicht sterben, bevor ich einmal geliebt wurde.

Das ist eine späte Aussicht, die im Privaten anhängig ist. Aber läuft man da nicht etwas hinterher, was schier unmöglich ist, wenn man die Vergangenheit objektiv beurteilt. Die Hoffnung stirbt aber zu letzt.

Ich will Liebe fühlen und bei Glück erfahren. In der Situation bin ich jetzt, also garantiert werde ich es nicht mehr machen, mich unentbehrlich zu verabreichen. Da bleibe ich lieber allein, wie ich in meiner jetzigen „Beziehung" Grenzen ziehe.

Aber so ganz alleine geht es ja dann doch nicht, wenn man einen Notnagel hat. Ist das fair? Vielleicht schon, wenn der andere es auch nicht anders sieht. Beide bisexuell und irgendwo auf ihren Vorteil aus, wenigstens sexuell.

Ich könnte ja sagen, ich hätte alles aufgearbeitet. Ich habe den Feind erkannt und jetzt geht es, so läuft es nicht. Ich erwische mich immer wieder, in den alten Trott zu verfallen. Meinen Weg zu gehen, ist etwas Neues.

Kennen ist nicht Können. Das ist eine alte Weisheit im Vertrieb und sonstigem Wirtschaftsleben. Die Erkenntnisse müssen praktisch eingeübt werden und zum Erfolg geführt. Reflektieren, handeln, überprüfen.

Der leichtere Weg ist nur scheinbar nicht steinig. Für viele war keine Chance mehr. Es gab traurige Schicksale. In der Altenpflege geht es ja auch um das Sterben. Zwanzig Mal Wiedergeburt zur Lösung gibt es nicht. Letztlich kann man ja auch nicht aus seiner Haut.

Irgendwie hört man immer heraus, das ganze Dilemma oder die Lösung auf das Nachleben zu projizieren. Ein fataler Fehler, den jeder weiß, man hat nur das eine Leben. Aus dem kann man etwas machen oder man lässt es bleiben.

Froh bin ich, dass man nicht aus mir machte, was man wollte. Ich habe nicht nachgegeben, nach oben zu buckeln und nach unten zu treten, im beruflichen Bereich. Aber privat scheiterte ich, in der Suche nach Liebe.

Das ist ja nun mal auf den ersten Blick nicht so schlimm, aber fraglich, ob es eine natürliche Spaltung ist, oder eine durch die Kindheit aufoktroyierte. Nach Liebe zu häscheln macht immer schwach.

Keine Liebe in der Familie, eben nur ein bisschen, die mich wenigstens etwas am Leben hielt. Es ist wie bei den Hungernden, die mit 600 cal am Tag leben. Ein Stück Schokolade führte zum Tod. So ähnlich ist es bei Kindern. Ich hatte Angst vor Nähe.

Die richtige Balance zu finden, ist sehr wichtig. Nicht zu viel, nicht zu wenig. Ausgeglichenheit der Zuwendung kann ein großes Stück voranbringen. Wird zu viel Fürsorge gegeben, fehlt es später an der notwendigen Selbständigkeit.

Ich hatte Abwehrreaktionen bei Umarmungen. Ich zweifle heute noch. Und das findet man auch bei Betroffenen. Vor mir hatten sie auch Angst, schon alleine in einem Auto. Wir brauchen viel Kraft für die Macken auszuleben.

Es ist ein Drehzahlbegrenzer, der natürlich eingebaut ist. Den aufzuschlüsseln fällt in der Vollkommenheit schwer. Es bleibt ein Rest, der wie hier mit Pep-Pillen aufgebessert wird. Aber ist das die wirkliche Lösung?

Aber ich glaube, ich bekomme das hin. Ich freue mich ja aufs Leben. Ich schaue noch einmal im Computer. Eher Mann als Frau, denn ich könnte bei meinen Bildern kotzen. Als psychotische Dekompensation entstand Ekel, auch wenn das nicht die Mutter ist.

Ich wende mich zum Mann, weil ich meine Mutter hasse, aber habe ich schon frei fröhlich mit Frauen geschlafen und eine Beziehung gehabt. Wenn es sie gäbe, käme die Trisexualität in Frage, wie immer sie aussieht, denn zum Mann verhalte ich mich dann wie zur Mutter.

Ich will mich nicht mehr durchquälen. Hochholen, angucken, erleiden und dann hört es auf. Und das ist eben falsch. Das ist das Dilemma einer Analyse bei einer Psychose. Die Lebensfähigkeit ging den Bach herunter.

Am besten reißt man ein großes Loch und schmeißt den ganzen Schutt hinein und schaufelt wieder zu. Aber Therapie läuft eben anders. Zum Glück habe ich die Hypnosetherapie begonnen, die mir half, aber den letzten Rest des Weges muss ich alleine gehen.

Vielleicht war ich immer unterschwellig psychotisch. Ich hätte auch autistisch werden können, weswegen ich mich auch so gut mit denen verstehe. Der Rest meiner Kollegen ist hospitalisiert oder gehalten von der Familie.

Abspaltung! Da ist sogar bei frühen Störungen wichtig, das Kind von der Mutter zu trennen, um die schädliche Symbiose aufzulösen. Bleibe ich in der Familie führt das zur Katastrophe oder Erlahmung.

Ich möchte eine alleinige Chance ohne mich in der Psychiatrie wohl zu fühlen. Das Leben draußen ist für viele zu anstrengend. Sie suchen die Bequemlichkeit. Ich habe einen eigenen Weg gefunden, wenigstens meinen Alltag zu gestalten.

Da steht ja schon mal fest, was man nicht will. Jetzt geht es darum zu konstruieren, was die Zukunft bringen soll und welche Prioritäten gesetzt werden sollen. Das ist oft schwerer: was man nicht will, ist leichter zu äußern.

Entscheidungen

Vor der Erkrankung hatte ich keine Probleme mit Entscheidungen. Ich schaute, was zu tun ist und wurde aktiv. Keine Schwierigkeiten beim Autofahren, beruflich gut. Nach Therapie mit knapp 40 sagte man mir, dass ich nie mehr arbeiten gehen könne.

Im therapeutischen Prozess werden Entscheidungen abgenommen. Es ist ein tiefes Loch, durch das man gehen muss. Letztlich steht man alleine und lebt nach der Meinung anderer. Das ist sowohl für das Selbstwertgefühl als auch die persönliche Planung katastrophal.

Ich konnte teilweise nur mit dem Hund herausgehen, etwas lesen und auf den Tod warten. Auch keine sexuelle Nähe mehr, Testosteronmangel, Angstzustände. Früher hatte ich keine Probleme, auf Menschen zuzugehen.

Stillstand ist schon der lebendige Tod. Es gibt nichts Schlimmeres als abzuwarten. Es ist nur selten, dass man eine Arbeitsstelle angeboten bekommt durch Telefon, dass man abgeworben wird, schon gar nicht, wenn man krank ist.

Die Menschen reagierten anders auf mich. Sie merkten, dass psychisch etwas nicht in Ordnung war. Ich merkte die Angst der Umwelt. Ich zog mich zurück. Ich zitterte auch auf der Arbeit und bekam die Diagnose: manisch-depressiv.

Es ist gut, Selbst-und Fremdbild zu beobachten. Wenn die Stimmungsschwankungen zu hoch sind, wird von einer bipolaren Erkrankung gesprochen. Ich hatte wohl Gefühlswallungen, ohne aber richtig jemals diagnostiziert worden zu sein.

Ich vereinsamte immer mehr damals. Heute sehe ich weniger Möglichkeiten, es ist ein gestörtes Leben. Ich brauche einen Neuanfang, sowohl privat als auch beruflich. Ich kann die alten Muster nicht mehr leben.

Mit über 50 ist es immer schwierig, denn normalerweise hat man dann seine Pferdchen im Trockenen. Und wenn zudem die Kraft und Energie fehlt und dem Ballast, den man mit sich schleppt, ist die Umwelt auch vorsichtig, wenn ein Neuer daherkommt.

Es ist sehr schwierig! Keine privaten Katastrophen mehr, kein Workaholic mehr zur Betäubung. Alles zu tief, zu intensiv, leicht manisch, um nicht nachzudenken. Kein Urlaub. Ich hätte auch viele Touren machen können.

Wenn man zurückblickt, ist man immer schlauer, aber hat man dann schon die Lösung? Das richtige Mittelmaß zwischen Arbeit und Freizeit zu finden, ist wichtig und stabilisierend. Es ist die Kraft, aus der man dann auch auf einem Fundament Spitzenleistungen erreichen kann.

Ich bekam immer Anerkennung durch meine Leistungen, aber beim Mobbing war auf einmal die Leistung auch egal. In der jetzigen Therapie wurde mir aber klar, dass es mir immens schwerfällt, etwas Neues aufzubauen.

Aber man soll keine alte Brücke abreißen, bevor die neue gebaut ist. Die Vergangenheit gehört zum Leben und das Gedächtnis arbeitet damit und oftmals wird auch in der Zukunft Altes verarbeitet in neuen Strukturen.

Ich sehe aber, dass Altes nicht mehr da ist. Kein Pflegeberuf mehr, aber sicher ist eine Arbeit im Schwerbehindertenbereich, obwohl ich mich dabei nicht wohl fühle. Wenn alles nicht klappt, kann ich mich darauf fallen lassen, denn ich muss nur einen Tag gearbeitet haben, um drei Jahre Rechtsanspruch zu haben.

Da muss man abwägen, taktieren. Was ist schlecht, was gut? Gerade in dem Alter stehen nicht mehr alle Türen offen. Das tut weh, auch wenn man ein breites Feld der Erfahrung hat. Aber es gibt für alles eine Alternative.

Ich will aber auch etwas beruflich machen, wo ich Selbstbewusstsein gewinnen kann. Heute ist mit dem neuen Medikament mehr möglich, denn durch die Neuroleptika wurde viel betäubt. Mein Leiden war nicht zum Loslassen, warum ist rätselhaft.

Wenn man die richtige Chemokeule findet, ist es ja gut, wenn sie nicht wieder abhängig macht. Aber man muss sich darüber im Klaren sein, dass es kein Allheilrezept gibt, um gesund und leistungsfähig leben zu können.

Es ist herrlich die Quälerei durch die Krankheit zu betäuben. Ich kann verstehen, wenn sich dann jemand in die Psychiatrie begibt oder durch Drogen wegbeamt. Es ist barbarisch, als ob jemand mit Krebsleiden ohne Medikamente bleibt. Aber seelischer Schmerz ist nicht greifbar.

Ist es aber nicht die Selbstaufgabe? Patienten, die auf Erfolge im Leben zurückgreifen können, fällt es schwerer, sich dem Dilemma anzugleichen. Zum Glück, kann man nur sagen, auch wenn viele Therapeuten gerade mit den noch willigen Patienten Schwierigkeiten haben.

Ich war immer traurig, weg vom Leben. Heute kann ich nicht mehr weinen. Aber ich war nie ein Lachhansel, eher still, ernsthaft, grübelig, ins Depressive. Obwohl ich für viel Spaß sorgen konnte, der schwarze war mein Ding. Als Norddeutscher neige ich zum sarkastischen, trockenen Humor.

So ist die Persönlichkeit gelagert, so sollte sie natürlich auch sein. Das Wesen muss in seiner Form Bestand behalten, denn sonst wird man von den Seelenklempnern verbogen. Und das ist sicherlich nicht Ziel der Therapie oder doch?

Die Hypnoseausbildung werde ich auf jeden Fall machen, wenn die Chance besteht. Die Finanzierung ist fraglich, mein Therapeut meint auch, dass es klappen würde. Oft sind die Ausbildungen privat.

Das Schöne kostet immer richtig Geld und dann muss man es selbst tragen. Aber Chancen zu verpassen, ist fast eine strafbare Handlung. Vielleicht fördert er mich. Wie bei meinem Buch, wo aber oft Profit negativ bewertet wird.

Es ist nicht verwerflich, aus Schlamassel Geld zu verdienen. Fraglich ist auch, Terroristen zu verbieten, ihre Lebensgeschichte zu vermarkten. Einmal kein Geld verdienen, aber Entschädigung bekomme ich auch nicht.

Es dreht sich nur ums liebe Geld. Geld ist zählenswert, wie die Alten sagten. Und Geld stinkt nicht. Geld kann aber auch den Charakter verderben, wenn es nicht richtig eingesetzt wird. Aus dem Buch die Hypnoseausbildung zu finanzieren, ist nicht verwerflich.

Mein Leben habe ich nur überlebt durch Spaltung. Der Call-Boy war finanzieller Druck. Ich war erfolgreich als Stricher und nicht schmuddelig. Es ist mehr Psychologie. Manche Barfrauen verkaufen in drei Tagen noch nicht einmal einen Piccolo.

Es scheint, dass es mit den Projekten schon klappen wird, denn der Ehrgeiz und Wille ist da. Und das ist eine wichtige Voraussetzung für Erfolg. Man muss an sich glauben und die Fähigkeiten richtig verkaufen.

Beide Seiten müssen zufrieden sein. Der Kunde ist König, obwohl man nicht alles durchgehen lassen soll. Der Freier will aber auch austesten, wie weit er gehen kann. Vorsicht! Heute würde ich mich nicht mehr sexuell vermarkten.

Da wird ja ein bisschen aus dem Nähkästchen geplaudert. Es hat funktioniert, aber irgendwann ist es vorbei. Zu alt, zu weise, über die Grenze gegangen. Die Faszination ist weg und damit auch die Lust an dem Sexgeld.

Mit den kalten Internetgeschäften könnte ich nicht umgehen. Ich bin verändert. Die Kettchen aus Gold haben mich nie interessiert. Fleisch für Geld. Vorbei. Mache. Seit sechs Wochen reduziere ich meine Medikamente, das ist mir wichtig.

Von daher haben sich die Prioritäten verändert. Neue Wege, neue Ziele, ein neues Leben. Es ist nie zu spät, etwas Neues zu beginnen. Auch wenn die Kraft etwas nachlässt, aber dafür hat man einen weitreichenderen Erfahrungsschatz.

Die Angstzustände sind weg als Voraussetzung für einen Neuanfang. Mein Wunsch ist es, ein Leben zu leben ohne Überschattung der Familie. Ich möchte eine andere Lebensform ausüben. Ich darf mich auch nicht überlasten – der mittlere Weg. Weg von den Extremen.

Das ist das Schwierigste in der Therapie, was es gibt, das Mittelmaß zu finden. Dann sind auch keine Medikamente mehr notwendig. Dann hat man eine Linie, wo man freiwillig einmal höher und niedriger geht.

Ich war natürlich ein Grenzgänger, es gibt nichts Schöneres im Leben. Aber nicht für Neid und Elend der anderen. Es gibt aber auch die schönen Übergrenzungen für das Schöne zu zweit, zu dritt oder viele.

Der innere Kern ist auch nicht kaputt zu kriegen. Sich auszutesten und einmal über die Stränge zu schlagen, ist immer wichtig für die Erfahrungen im Leben, um am Ende sagen zu können, ich habe gelebt.

Hauptsache, ich funktioniere. Ich kann keinem glauben. Ich habe auch unterschiedliche Auffassungen über Grenzgänger. Ich erlebte nur Lügen. Aber ich tat es im Leben und Bodybuilding. Grenzen sind Vorteile für andere, die davon profitieren.

Die Umwelt kann nicht wichtiger werden als das eigene Innere. Meine persönlichen Grenzen sind ausschweifender und ich kann viel aushalten. Heute will ich wieder mehr Krafttraining mehr. Das tut gut. Geistig und körperlich in Bewegung bleiben.

Pillen ersetzen nicht den eigenen Antrieb. Das ist eine wichtige Erkenntnis für diejenigen, die der Psychiatrie unterliegen. Sport entwickelt Endorphine, die wichtig sind für das eigene Wohlbefinden und den Gemütszustand.

Ich brauche einen Beruf, der mich auch herausfordert. Das Jahr 2013 wird die Entscheidung sein, mich privat und beruflich zu strukturieren. Ich habe noch Bremsen, aber der Antrieb ist mehr. Jedoch zu hoher Stress ist auch schädlich.

Wie gesagt, das richtige Mittelmaß ist wichtig und Prioritäten setzen. Ich muss wissen, was ich will. Dann kann ich gezielt auf Erfolge hinsteuern und meine monetären und ideellen Ziele erreichen. Hört sich toll an, funktioniert aber auch.

Meine jetzige Beziehung ist störend, weil sich viele verabschieden, wenn er da ist. Ein Netz der Gleichgesinnten, das kann auch aus dem Bereich der Hobbys entstehen, ist auf jeden Fall wichtig. Es kann auch ein Beziehungsnetz der Geselligkeit sein.

Aber man muss sich davor hüten, bei psychischen Erkrankungen sich nur in diesen Kreisen zu bewegen. Man wird selten gesünder. Alle Leute treffen sich in Cafés für sie und als es besserging, stießen sie mich ab aus dem Psychiatriezirkel.

Viele fühlen sich in der Krankheit wohl. Warum dann ändern? Es ist ein extremes Leben, das mit extremen Sanktionen in den Kliniken behandelt wird. Aber die sozialen Kosten sind hoch von der Power des Sex, Nikotin, Zigaretten, Alkohol.

Wenn jeder Tag gleich ist, führt das zu einer Lethargie. Eben dem Depressiven, was weniger wünschenswert ist mit den Suizidgedanken. Hier wieder das Mittelmaß, das angestrebt werden sollte.

Ich stehe vor der Aufgabe noch einmal vollkommen neue Lebensformen auszutesten. Es ist kein langweiliges Leben. Doppelleben ist schön, aber für ein bürgerliches Leben ist eine Linie wichtig. Der Rambo kann sich auch begrenzen.

Typisch Mann und typisch Frau gibt es nicht. In der Homo-Ehe habe ich weder die Rolle des Mannes noch die der Frau. Typische Heterorollen werden nicht gelebt. Es ist ein fließender Prozess mit Wechsel.

Vollkommen andere Welt, die einerseits frappierend ist, aber nicht natürlich, wo jeder seinen Rahmen oder Rolle findet. Wie kann man sich aushalten ohne Standpunkt? Ständiger Wechsel ist nicht berechenbar.

Es gibt Homos, die auch den Passiven spielen, aber auch aktiv sein können. Bisexuelle behaupten ja auch nicht schwul zu sein, weil sie den eindeutig männlichen Teil spielen. Bei mir war das Gefühl des Wechsels, was aber auch bei Frauen geht.

Letztlich muss man sehen, dass die Sexualität mit Männern auch in den Elementen mit Frauen hinsichtlich Verwöhnen und Verwöhntwerden möglich ist. Warum dann homosexuell werden, aus Enttäuschung wohl nicht oder doch wegen der Mutternarben?

In der Schwulen-Szene gibt es aber auch Typen, die immer den männlichen Part spielen, zu feige, sich fallen zu lassen. Das Zusammenleben stimmt dann nicht. Es gibt aber auch wirre Tunten, die gar nicht wissen, wo sie hingehören.

Mit Homosexualität umzugehen, scheint schwierig. Es gibt keine festen Rollen. Es wird gebaggert ohne Ende. Es ist immer noch ein Verstecken, auch der Bisexualität, und führt abschließend zu „linken" Verhaltensweisen.

Psychiatrie und Ärzte

In der ganzen Zeit vor den Erinnerungen hatte ich eigentlich mit Ärzten ganz nichts zu tun. Höchstens aus organischen Gründen, keine psychischen Probleme. Das war auch der Grund, die Berufsunfähigkeitsversichung zu kündigen nach der Selbständigkeit mit meinem ersten Freund.

Das ist schon vielen so passiert. Man denkt nicht daran. Heute wird jeder Vierte berufsunfähig wird und daher ist eine Absicherung umso notwendiger. Man unterschätzt die Problematik und will das Schreckliche einer psychischen Erkrankung nicht wahrhaben.

Ich war pumper gesund mit Sport, gesund gelebt ohne Alkohol, vielleicht einmal ein Aspirin oder Antibiotikum und so werden Kosten der Versicherung eingespart. Später hätte mir das finanziell viel geholfen anstatt kleiner Rente plus Aufstockung durch Hartz IV.

Es ist das Schicksal vieler. Leiber reich und gesund als krank und arm. Kein Spruch, denn so teilt sich heute die Gesellschaft. Das hat noch nicht einmal mit Erfolg auf Kosten anderer zu tun, sondern mit existentieller Absicherung.

Die ersten Erinnerungen kamen im Altenheim während der Arbeit. Ich hatte Gerüche zu Bildern. Eine Ärztin in Eigenregie ohne Selbstanalyse wegen finanzieller Gründe behandelte mich 1998 nach Vorlauf. So kam eine Erinnerung nach der anderen in der Analyse, was mich quälte.

Da wurde Schindluder getrieben. Da wurde auch viel kaputtgemacht. Schmerz, die gesamte Zeit sollen noch einmal hochkommen und dann würden die weggehen, was aber nicht passierte. Ich bin regelrecht verrückt geworden.

Eine Analyse bei Psychotikern mit Trauma macht man einfach nicht in der Therapie. Es ist zu gefährlich. Es entsteht keine Besserung, sondern oft eine Verschlimmerung. Besser geht es nach heutiger Sicht Patienten, die eine psycho-edukative Therapie machen, zu sehen, was ihnen gut und schlecht tut.

Ich habe mich in vielfältiger Weise gespalten. Zusätzlich noch das Mobbing im Altenheim, wo ich mich besser nicht gewehrt hätte. Es waren zwei Abrissbirnen. Ich fühlte, dass Menschen noch wie im Mittelalter sind.

Der menschliche soziale Charakter hat sich nicht verändert. Es sind nur auf einmal andere Umgebungen da. Therapeuten, Porsche, aber der Konflikt zwischen den Individuen, zwischen Luxus und Armut ist geblieben.

Es war Demütigung und Schmerz und dann Verlust von Selbstvertrauen. Viele machten mich kaputt. Mir wurde klar, dass ich es immer schwer hatte, mich zugehörig zu fühlen. Selbst gute Arbeit reicht nicht aus.

Ich wurde nicht geliebt, sondern mehr gehasst. Ich hatte Ausstrahlung, aber nicht den Nimbus eines Kanzlers. So war mein Doppelleben zu vielfältig auch in seiner Spaltung, den wirklichen Durchbruch zu schaffen.

Ohne einen Grund wurde mein Arbeitsplatz gekündigt und das machte mir deutlich, nichts mehr zu machen. Ich konnte die Demütigung nicht verkraften plus Schmerz. Es entstanden extrem starke Gefühle, zerstörerisch durch Mobbing.

Es dreht sich im Kreis um ein altes Leben, das immer nur von den Mutternarben geprägt war und jetzt zum Gau geführt hatte. Und das gerade noch im besten Mannesalter, wo schon eine leitende Position erklommen war.

Ich habe es nicht so wegstecken können und brauchte Beruhigungsmittel, was mich als weiteres Mosaikstein noch mehr kaputt machte. Das Arbeitsgericht hatte mir eine gute, aber doch zu niedrige Abfindung gegeben.

Man spürt Trauer, Wut, auch Aussichtslosigkeit. Typische Merkmale für eine gebrochene Persönlichkeit. Das ist vielleicht der richtige Ausdruck: entzweit im Leben mit langer Zeit der Nichtreparatur.

Dann hatte ich aber doch die Kraft, Berufsbetreuer zu werden. Das lief so gut, dass ich auch keine Pflege mehr machen wollte. Ich schmiss mich mit einem Kollegen und Sekretärin zusammen. Eigentlich undenkbar in der Situation.

Aber es zeigt, welcher unbändige Überlebenswille vorhanden ist. Immer weiter kämpfen pro Tag. Nie aufgeben, auch wenn es noch so schwerfällt. Viele Ärzte sagen zu Toten, dass wenn der Wille nicht mehr da ist, man auch sterben kann und darf.

Dass der Opa der Vater war, kam in der Therapie hoch. Es wurde deutlich an der Verkürzung in der Hand und die ähnlichen Augen. Da wurde ich stutzig. Ich wurde ihm immer ähnlicher, aber zeitweise drückte ich es immer noch weg.

Es wurde jetzt mit 40 Jahren ein Päckchen klar, das schwer im Leben zu tragen war. Es sind Schläge ins Gesicht, die jedem weh getan hätten und ein Weltbild zerstörten, das sowieso schon keine tolle Kindheit überschattete.

Ich will es nicht wahrhaben, aber es klappt nicht immer, wegzudrücken. Mein Gesicht deutet alles. Ich würde gern wie gesagt meine Augen operieren lassen für 3 bis 4.000 €. Wenn ich das Geld habe, mache ich es. Weg mit dem Vergewaltiger.

Aber ist er dann wirklich weg? Die eigene Identität kann man nicht verleugnen. Vater und Mutter gehören zu einem, auch wenn sie noch so mies waren. Das muss jeder erkennen und das erkennen auch andere.

Durch die Therapie ist nichts besser geworden. Mit Menschen kam ich schlechter zurecht, kippte die Tabletten mit einer halben Flasche Rotwein, war vorher voller Energie, jetzt schwach mich zu betäuben.

Es ist dann noch die Flucht in die Sucht und dann wird es schwierig. Bis heute ist eine Medikamentenabhängigkeit, die lähmt und die dann durch andere Medikamente wieder kompensiert wird.

Mit meinem Freund trennte ich mich auch: es war nicht so wie in guten und schlechten Zeiten. Dann versuchte ich eine Therapie zu finden für das Leben. Ich konnte nicht mehr normal leben. Albträume, nicht mehr schlafen und Autofahren.

Selbst der Job war nur noch mit anderen Hilfe möglich. Ich war abhängig, von anderen und Pillen. Es sind zwei Krücken, auf denen ich lief. Einerseits ist es eine Ehre, andererseits auch viel Aggression, wenn man etwas mit allen Mitteln bekämpft, anstatt es auszuschleichen.

Mein ganzes Leben war so kaputt. Ich konnte auch die brutalen Gefühle nicht mehr aushalten. Mir kamen Zweifel an meinem

Verstand, ob der noch in Ordnung wäre. Ich versuchte Therapien. Schöne Zimmer, insgesamt fünf Jahre.

Es war ein Ausbrennen. Nichts ging mehr vor oder zurück. Der lange Leidensweg durch die Psychiatrie begann. Wer so etwas schon einmal erlebte, weiß wie viel Leid man aushalten muss, um noch die letzten Kräfte zu behalten.

Ich konnte nicht mehr in der Pflege arbeiten. Ich konnte selbst einfache Sätze nicht mehr schreiben. Alles war weg. Ich konnte auch praktisch nichts mehr. Erstmals bekam ich keine guten Zeugnisse mehr.

Es ist eine Blockade, wie man sie oft nach Traumatas findet oder psychotischen Episoden. Da reicht auch ein hoher IQ nicht mehr aus, da liegt alles flach. Man zweifelt an sich selbst und ist dem Tod nahe.

Von der Rentenversicherung wurde ich in Ferien geschickt mit der Diagnose: nie mehr arbeiten. Sozial in freiem Fall. Die Spaltungen waren so stark durch die vielen Diagnosen und Neuroleptika und darunter leide ich heute noch. Ins gesunde Gehirn Medizin.

Aber man muss sehen, dass freiwillig ganz andere Substanzen genommen wurden, um sich aufzupushen oder runter zu bringen. Man sollte auch ehrlich zu sich selbst sein, wenn man die Medikamente betrachtet.

Ich wohnte in einem Zimmer des Hauses der Therapeutin, vollgepumpt mit 120 kg, Gefühle verwaschen. Ich konnte nicht mehr denken. Ich wollte mich umbringen. Ich wollte nicht auf den Tod warten. Die höchste Aussicht war, ehrenamtlich noch einmal einen Verein zu machen.

Das ist das typische Psychiatriespiel. Keine Hoffnung mehr, keine Aussicht mehr auf Teilhabe an der Gesellschaft, nutzlos, ohne Wert. Das kann es nicht sein. Da muss noch mehr an Aussicht her und das verhinderte auch den direkten Suizidversuch.

Mein Überlebenswille war immer noch stark. Vor den Zug werfen ging nicht, also benutzte ich Heroin, um mich kaputt zu machen. Ich wurde auch im Krankenwagen zusammengeschlagen. Ich spaltete wieder. Meine Goldkette wurde geklaut.

Ist aber die dauernde Spaltung nicht die Psychose? Sogar chronisch zu diesem Zeitpunkt? Wenn die Persönlichkeit nicht mehr eine Linie fährt, entstehen Flecken im Ich, die dazu führen, dass die Handlungen auch nicht mehr berechenbar sind.

Meine Karriere als Junkie mit hoher Dosierung machte den Schmerz weg, aber die Dunkelheit und Traurigkeit blieb. Um das Laster zu finanzieren organisierte ich den Verkauf über zwei Jahre und gleich verurteilt, vorgezogen das Gefängnis gegenüber der Forensik.

Da stand noch das Glück zur Seite, denn das hätte schlimmer ausgehen können, aber es war schon arg. Wieder ein Suchtmittel als Hilfeschrei wie die Bierchen für den Bruder. Der Selbstmord wurde auf Raten durchgeführt.

Die ganze Geschichte machte mich heute noch traurig. Was mit mir gemacht wurde, erschien verrückt. Analyse nein. Alles was ich im Leben aufgebaut hatte, wurde vernichtet. Es ist immer eine Grundangst vorhanden.

177

Was macht die Psychiatrie mit den Menschen? Es ist noch vieles unerforscht! Ein Allheilmittel therapeutisch als auch durch Medikamente gibt es noch nicht. Und nur auf die Selbstheilungskräfte zu hoffen, fällt schwer.

Ich war ein Außenseiter, aber ich hatte nie das Gefühl, gar nicht mehr zu können. Gut schlafen, den Tag überarbeiten, Sport machen. Das hatte ich 15 Jahre nicht mehr. Was die Ärzte an mir machten, war ein Verbrechen.

Aber anzeigen, fällt schwer, weil eine Krähe der anderen ein Auge auskratzt. Letztlich bleibt der Patient auf der Strecke und das ist schlecht und schlichtweg wie gesagt an ein menschliches Verbrechen.

Es wird nicht hingehört, was wirklich los ist. Es wird angeordnet heute: Zwangsaufenthalt in einem Krankenhaus. Die Ärztin wurde erst freundlicher, nachdem ich weiterhin ruhig blieb. Ich soll schnell mein Tavor reduzieren, aber ich weiß nicht, was ich machen soll.

Es ist eine beschissene Situation. Man spürt die Abhängigkeit von einer Kaste, die Allmacht hat. Es geht um eine Nummer, nicht den Menschen. Die Lebensgeister gehen wieder auf Tiefstand. Was aufgebaut wurde, zerbricht wieder.

Jeder Arzt, ob Diagnose Borderliner oder manisch-depressiv oder schizophren mit jeweils anderen Mitteln hatte etwas verbockt an mir. Irgendwann glaubte ich es. Ich hatte auch Angst. Sie fixierten mich am Bett.

Ich war hilflos. Es ist das Schlimmste, was passieren kann. Die Gurte und die Leine. Fesseln und Infusionen, das soll

178

gesundmachen? Ich schrie, bis sie mich losmachten. Welch erbärmliches Bild für einen Menschen.

Damit konnten die mich immer dazu bringen, die ganzen Medikamente zu nehmen, sonst würde ich wieder fixiert werden. Es dauerte lange, bis ich den Mut hatte, die Tabletten weg zu lassen. Alle Ärzte haben versagt.

Es ist das typische Schicksal des medizinisch Gefangenen, der hilflos Paragraphen der Unterbringung und Medizinern ausgeliefert ist. Es ist keine freie Entscheidung möglich innerhalb der Institution.

Es lief, bis ich den jetzigen Therapeuten kennenlernte und ich jetzt meine Restmedikamente herausschleiche. Ich möchte auch die medizinische Hypnose lernen. Es sind Wunderheilungen für Selbstheilungskräfte des Körpers.

Es ist ein Ziel da, aber es wird nicht forsch darauf losgegangen. Immer sind Ängste spürbar, die noch nicht wegtherapiert sind. Vielleicht gehören sie auch zu der Persönlichkeit und daher konform und charakterfest.

Geblieben ist auf jeden Fall ein großes Misstrauen gegen Ärzte, Neurologen und Psychiater. Ich glaube an gar nichts mehr. Sie haben Pauschalierungen im Kopf. Es werden Schubladen aufgemacht. Es wird nicht geschaut, dass man Missbrauchsopfer ist.

Schlechte Erfahrungen sind immer negativ zu bewerten, wenn nichts Positives daraus gezogen wird. Es ist der Umkehrschluss. Weil ich mit Ärzten schlechte Erfahrungen machte, gehe ich nicht mehr hin, aber scheinbar sind sie doch notwendig.

179

Die Traumatisierungen lösen Todesangst aus, z. B. beim Autofahren. Zudem hat mein Körper auch aufgehört, Testosteron zu bilden. Auch die Neuroleptika drückten die Libido. Ich hatte nur ein Zehntel einer Frau, Aggression nicht mehr möglich und wirklich Mann sein.

Es ist aber die Intelligenz da, alles zu durchforschen und nach Möglichkeiten der Besserung zu schreien, wo andere sie einfach akzeptieren. Der Rebell ist immer noch da. Es wird gekämpft, um das eigene Wohlbefinden, auf therapeutischer medikamentöser Ebene – Berufskrankheit?

Ich war immer Führungskraft, möchte aber nicht immer nur angepept werden, was vielleicht so scheint. Vieles hat auch eine körperliche Ursache, wodurch die Panikattacken auch weg sind. Ich möchte das Optimale.

Es ist sicherlich keine Omnipotenz zu diagnostizieren, aber der Griff nach dem Himmelreich. Es wird das Optimum angestrebt, anstatt besser einmal danach zu schauen, auf was man momentan aufbauen kann. Das hilft mehr.

Es war nicht das erste Mal, dass ich zwei Ursachen und Krankheiten habe mit gleichen Symptomen. Einmal wird Libido verhindert durch Neuroleptika, aber auch durch weniger Testosteron, aber Angstattacken wird auch durch Traumatisierung erweckt.

Es dreht sich etwas im Kreis. Eigentlich männlich werden, aber immer mit chemischer Keule. Die Männlichkeit ist auch eine Ausstrahlung, die gemessen werden kann. Zudem ist Homosexualität nicht gerade förderlich für ein männliches Bild.

Niemand nahm mich ernst. Angst sei normal, dick ist normal. Es führte dazu, dass ich die Arbeit in der Klinik nicht schaffte und letztendlich mit den Regeln in Konflikt geriet durch mehr Kaffee. Ich hatte Schmerzen beim Sport, quälend Treppen rauf und runter.

Es war ein Spießrutenlaufen. Aber die Hormone spielten nicht nur für die Angstattacken verrückt, sondern es wurde auch Tavor gegeben. Substitution ohne Ende. Dazu Koffeinmissbrauch, um die geringsten Anforderungen zu schaffen.

Ich habe mich innerlich angeschrien, um die Wege zu schaffen. Durch den Kaffee wurde ich zweimal entlassen und beim dritten Mal wieder ins Gefängnis geschoben, eben Psychose und Sucht. Ich brauchte selbst für die Körperpflege morgens anderthalb Stunden.

Therapie statt Strafe, aber alles etwas nebulös. Was ist organisch, was psychisch? Die Kräfte lassen nach und der eigene Wille gebrochen, auch mit verursacht durch die Drogen. Was ist selbstbestimmt und was Krankheit?

Die Antidepressiva halfen nicht. Schluss hinter Gittern. Aber die haben mich gut behandelt und so ging ich mit meinem Freund ins Südwestliche in geordnete Verhältnisse. Aber ohne Geld zu kassieren, waren sie nicht mehr bereit, mich länger zu behalten.

Es ist ein Hin und Her ohne klares Ziel, ohne klare Aussicht. Schlimm für eine erwachsene Führungskraft, die mitten im Leben stand. Da sind die Aussichten, sich Hilfspersonen zu nehmen, die letztlich noch schwächer sind.

Bei meiner Erkrankung und Mobbing war der Einzige, der mir Gesundheit brachte, der jetzige Hypnosetherapeut. Ich war früher mit Schwerstkranken zusammen, in Selbsthilfegruppen, aber alleine schaffte ich gar nichts mehr.

Es ist fast Liebe zu einem Freund, der half. Und wenn der nicht mehr da ist, dann eben selbst Therapeut als Betroffener. Das ist das Ziel, was viele gesundende Patienten haben, weil nach ausgeheilter Krankheit ist der Betroffene der beste Therapeut.

Das Krankenhaus im Moment nagt an mir. Das Herunterfahren geht schneller und wenn nicht bekommen ich kein Polamidon mehr, furchtbar. Mein Pep-Pillchen nehme ich im Moment nicht, weil die Nebenwirkungen wie Konzentriertheit, Kopfschmerzen und schlechte Gefühlszustände zu stark sind.

Man spürt die Abhängigkeiten von der Pharmaindustrie. Aber diese ist nur ein Abklatsch von dem, was dahintersteckt. Es ist die von der Mutter, von ihrem Missbrauch und von ihrer frühen Verabreichung von Barbituraten.

Normalerweise ist meine Schlagfertigkeit, Leben, Konzentriertheit hervorragend, aber das Körperliche bis zur Kurzatmigkeit zu stark. Es ist die richtige Richtung, aber vielleicht doch nicht das richtige Medikament.

Keine Wirkung ohne Nebenwirkung. Es gibt keine Wunderpille. Vielleicht hofft man darauf, aber man sollte es einmal vollkommen ohne Medikamente probieren, wozu ein Krankenhausaufenthalt dann notwendig und richtig wäre.

Denken, leben und arbeiten, das ist wichtig für mich. Ich war Tag und Nacht wach, im Sitzen schlafen mit Unterbrechungen.

Jetzt mit Pep-Pillchen konnte ich normale Leistungsfähigkeit erreichen.

Das kurze schöne Leben ist wieder vorbei, aber wenn Krankheit weg, seelischer Schmerz weg sollten die natürlichen Selbstheilungskräfte auch wieder angreifen. Medikamente bleiben eine Krücke, die immer auf einer anderen Ebene gegensteuern.

Ich hatte wieder Angstzustände, vom Herz her schlecht. Der positive Effekt war praktisch weg hinsichtlich der Nebenwirkungen. Ich hoffe jetzt vielleicht auf Ritalin, bessere Konzentration durch Wachmacher, vielleicht habe ich jetzt ein Erwachsenen-ADHS.

Die nächste Diagnose und alles haben nur die Neuroleptika kaputt gemacht. Das ist nicht ganz glaubwürdig, denn es waren Spaltungen vorhanden, Überanstrengungen. Am Ende muss auch jeder mit seinen Kräften haushalten und Grenzen eingestehen.

Mit Ritalin probierte ich schon einmal, war entspannt, konnte lesen. Mit Pep-Pille ist nach Arztaussage eine Lebensgefahr vorhanden. Die Angst ist weg, aber mein Fehler war, das Tavor früher abzusetzen. Es ist schließlich ein abhängig machendes Medikament.

Jammern und noch etwas Anderes ausprobieren. Wie macht man Entzug von Drogenabhängigen in Spanien? Schweren Rucksack aufsetzen und 50 km wandern, dann ist das Gift draußen. Es gibt keine Ersatzstoffe.

Ich habe Schwierigkeiten bei hohen Temperaturen als älterer Substituierter. Dann wird es auf Laborfehler geschoben. Ich habe Schwierigkeiten mit der Ärztin, die die Wahrheit schiebt wie sie will. Der Großteil der Ärzte verfällt der Hybris. Sie machen alles richtig.

Eigentlich sind es alle Idioten, aber man darf es sie nicht spüren lassen und schon gar nicht sagen. Letztlich hat niemand das Recht, über einen anderen zu bestimmen, aber dann fragen sie laut, wer wohl zu Recht auf welchem Stuhl sitzt.

Kein Arzt wird sagen, dass er mich falsch behandelt hat, falsche Medikamente gegeben. Aber mein jetziger Psychologe hat eine andere Einstellung ohne Gefälle. Der Patient weiß am besten, wie es ihm geht. Allein das Aufsuchen ist Grund genug zu helfen.

Selten solche Therapeuten, aber es war Glück ihn zu finden. Ich stehe im Vordergrund und das ist für einen sensiblen Menschen wichtig. Gerade da psychisch Belastete feine Antennen haben ihre Umwelt wahrzunehmen.

Mein Unterbewusstsein weiß, was gut ist. Er selber hat nichts eingeleitet, sondern was in der Trance erkannt wurde. Er benutzt auch keine Manipulation, bis der Schmerz und das unendliche Leiden weg waren.

Die Erinnerungen waren auch weg und es ging mir gut. Es ist die Wirkung der Trance und dafür besteht Dankbarkeit. Es ist eben aufgearbeitet und dann auch verarbeitet. Das schaffte die Schulmedizin nicht.

Ich weiß nicht, wie der Mechanismus funktioniert. Am Anfang brauchte ich noch Protokolle. Der Therapeut ist ein ganz und gar ungewöhnlicher Mensch und diese Art, sich selbst zu heilen, die Hypnotrance oder Meditation möchte ich an andere weitergeben.

Das ist eine wirklich schöne Aufgabe, aber dazu wäre auch selbst eine Freiheit gegenüber den noch bestehenden Pharmaka notwendig plus Eigenanalyse, denn nur wer einen Schritt mehr über sich selbst weiß als der Patient, ist ein guter Therapeut.

Es wäre eine schöne Aufgabe. Vieles muss ich aber noch aushalten. Ich kann aber vieles von meinem eigenen Leben weitergeben. Schauspieler würde ich erkennen. Sobald der Verein für angewandte Hypnose sich meldet, würde ich Bescheid bekommen.

Das ist ein wahres Ziel. Aber ich spüre noch eine Unsicherheit. Wie lange es dauert, was ich machen muss, weiß ich nicht. Selbst mit 70 könnte ich mich noch weiterbilden. Wenn ich wieder lesen kann, ist es gut, der Wachmacher soll nur übergangsweise gegeben werden.

Es ist aber erschreckend, wie immer nach Medikamenten gerufen wird. Die Bewegung auch einmal aushalten, sich selbst akzeptieren, ist auch wichtig, mit allen Stärken und Schwächen. Ist der seelische und körperliche Schmerz doch noch so groß?

Das Dopamin wurde unterdrückt wegen einer Psychose. Aber ich hatte wohl nie eine, aber jetzt ist zu wenig produziert. Und dagegen will ich etwas nehmen. Und ich muss extrem vorsichtig mit Menschen umgehen, die meiner Psyche schlecht tun.

In vielen Büchern steht, dass man sich nur mit positiven Menschen umgeben soll. Das bewahrheitet auch das Leben.

185

Positive Energie ist wichtig, die berühmte Sozialenergie, um Kraft aus dem Umfeld zu schöpfen.

Mein neues Leben ist ohne negative Menschen. Oder Suchtplus Psychose Erkrankte. Das hindert mich an meinem Leben. Mein jetziger „Partner" verblödet zunehmend. Es ärgert mich. Und ich kann mich nicht abgrenzen.

Manchmal steht erst der Punkt im Vordergrund, ganz unten vor dem Selbstmord zu stehen, bevor man aus dem Loch wieder herauskommt. Ich kenne es von mir und sehe es bei vielen in der Umgebung.

Mit dem Helfersyndrom muss irgendwo Schluss sein, denn das Kaputtgehen anderer wird unterstützt. Ich habe bitter und schwer eingesehen, dass die jetzige Partnerschaft nichts mehr bringt. Ich muss es klar durchziehen.

Bevor man selbst zugrunde geht, muss man an sich selbst denken. Jedem passiert das im Leben. Destruktive Personen soll man eliminieren, auch wenn es weh tut. Man muss in Grenzen weisen, denn dann ist ein positiver Freundeskreis möglich.

Ich muss es schaffen, wenn ich weiß, was ich will. Denn momentan werde ich beurteilt, wer um mich herumschwirrt. Aber auch psychische Erkrankungen müssen anerkannt werden. Die Ärzte sind neben dem Freundeskreis nur eine Hilfe.

Oft versuchen aber auch Therapeuten über die Arbeit mit dem Patienten Erfolg zu suchen. Dann ist man eigentlich an dem Falschen, denn es muss neutral sein, mit Distanz und Objektivität. Lieber kalte Atmosphäre als warme?

Es fing schon am Anfang an, dass bei den ersten Erinnerungen an den sexuellen Missbrauch ich in Therapie ging, vertrauenenserweckend durch zwei Ärzte ohne normalen Psychiatriehaushalt. Ich wusste aber nicht, dass eben eine aufdeckende Therapie nicht gut ist.

Es war ja jahrzehntelang ein Funktionieren gegeben ohne seelischen Müll hochzuholen. Manchmal ist es besser einen großen Berg zu umgehen, ohne ihn abzugraben. Es ist ein Beispiel aus der Maltherapie.

Meine Psyche war zerstört. Es kamen Symptome hoch und es wurden Neuroleptika gegeben. Die Diagnosen wurden immer wieder übernommen oder neu erstellt mit falscher Richtung. Zum Beispiel wurde aus bipolarer Diagnose Borderliner oder anderes. Depressionen waren immer dabei.

Ich war gefangen im Netz der seelischen Heiler, die selbst hilflos an meine Krankheit herangingen. Medikamente ohne Ende. Ich wollte leben und meine Lebensenergie wurde unterdrückt. Stationäre Aufnahme und Gesprächstherapien und ich wurde immer kränker im Kopf, im Denken.

Es war eben ein gesundes Hirn mit falscher Behandlung. Was tut man mit einem Patienten, der eigentlich in ambulante Therapie gehört statt stationärem Zupumpen. Wehren kann man sich eigentlich überhaupt nicht.

Ich sagte selbst, dass ich nicht mehr richtig dachte. Ich hatte einen Suchtmotor. Alle hatten mich abgeschrieben. Halb Deutschland hatte ich bereist. Sie versuchten schon einer Pflegedienstleitung aus eigenem Topf zu helfen.

Als wichtiger Patient wird man schon anders behandelt, aber wenn die Ärzte ratlos sind, lassen sie einen schon auch schnell fallen. Gerade die Doppeldiagnose Sucht und Psychose ist da nicht hilfreich.

Ich dachte genau richtig, aber haarscharf daneben. Meine Welt war nicht mit der anderen kompatibel. Ich war herausgekickt aus dem Leben. Ich war fixiert als Missbrauchsopfer in den Flur geschoben. Macht mich los!

Lasst mir die Freiheit des Handelns und Denkens. Es ist schon ein schlimmes Schicksal, das jedem in der Psychiatrie widerfährt. Die Gesetze der Klapse sind hart. Sie sind nicht mit dem Normalen des menschlichen Lebens vergleichbar.

Es ist ein Kästchendenken, die Schublade. Ich hatte zwei Jahre Kontakt mit Heroin, aber ich war geächtet, selbst mein Beruf und Aufstieg wurden negiert. Das war mir aber auch klar, Außenseiter mit totaler Vereinsamung. Ich kann mich nur umbringen lassen.

Es war der Tod auf Rädern. Nichts galt mehr. Es war der totale Absturz, seelisch wie sozial. Da hilft auch nicht einmal Führungskraft gewesen zu sein. Heute gehen seelische Erkrankungen durch alle Schichten. Es ist eine Gleichrichtung.

Es begleitet mich, dass die Behandlung durch Neuroleptika Schmerzen verursacht. Es interessierte keinen Arzt, da wird man zum Schlawiner, ohne es eigentlich den Charakter zu haben. Ich musste überleben, die die Merkmale eines Spitzbuben haben.

Das ist eine gesellschaftliche Prägung, die jeden voranbringt. Im Managementtraining wird manchmal ein

Psychiatrieaufenthalt suggeriert, um Extremsituationen zu simulieren. Auch die Arbeit mit Suchtkranken ist da eine gute Hilfe über den Rand zu schauen.

Meine Überlebensmethoden sind nicht nur Intelligenz, um sich das Leben leichter zu machen oder Vorteile zu schaffen. Das bin ich nicht. Ich könnte es, gerade im Drogenmilieu ist es angesagt. Ich wehre mich gegen eine Typisierung.

Jeder versucht ja sich in einem guten Licht darzustellen, aber das Umfeld prägt auch die Psyche. Der Mensch kommt nicht auf die Welt und ist gut oder schlecht. Es gibt verschiedene Standpunkte, aus denen ein Phänomen, auch das menschliche betrachtet werden muss.

Im Moment werde ich von der Ärztin bezüglich eines Krankenaufenthaltes erpresst. Da spielen ich meine Verteidigungswaffen aus, wenn auch schlawinerhaft. Keiner fragte mich genau, wie der Ablauf war, ich fühle mich schlecht behandelt.

Das ist eben das Schicksal eines jeden Psychiatriepatienten, dass er sich gegen die Herrgötter in Weiß durchsetzen muss. Die Methoden sind da unterschiedlich, aber letztlich soll man immer seine Identität bewahren.

Es werden viele Kunstfehler gemacht. Außer heute bei meinem Hypnosetherapeuten. Ich kenne die Psychologie und jetzt bin ich fit in meiner Energie. Gegenüber negativen Elementen grenze ich mich ab und das gibt mir Kraft.

Kein Pep-Pillchen und trotzdem geht es. Die Selbstheilungskräfte des Menschen sind immens, wenn man den richtigen Weg einschlägt. Dazu dient auch jede Reflexion, über sich und andere nachzudenken.

Momentan ist mein Freund in der Klinik wegen Drogenmissbrauch. Er hat sich in Sicherheit gebracht, bevor die Staatsmacht zu schlägt. Ich besuche ihn auch nicht. Ich gehe nicht freiwillig in die Psychiatrie.

Es ist ein ewiger Kampf gegen die eigenen Leiden und die Institutionen, die dieses verwalten. Bewusst ausgedrückt nicht heilen, sondern auf eine Ebene bringen, die nur lindern, weil die Ärzte selbst nicht an eine vollkommene Gesundung glauben.

Ich kam schon in einen Zustand herein. Schlaflose Nächte mit Stress, Herzprobleme. Da ging ich freiwillig ins Krankenhaus mit wirrem Denken, Stillstand, vorbei, kein Lesen, kein Fernsehschauen. Da wird es Zeit.

Aber auch umweltbedingt durch den Stress mit dem Freund, der einmal 2006 gesünder war, aber heute viel kränker. Von so einem negativen Menschen, den man zudem nicht liebt, muss man sich trennen.

Er war nächtelang auf der Couch mit Fernseher, Techno. Es ist für mich ein Symbol und Belastungen muss ich aus dem Weg gehen. Aus Fehlern muss man lernen und dann nicht mehr tun. Viele machen immer dieselben.

Da hilft, zu entscheiden, was man ändern kann und was nicht. Und auch die Einsicht dieses zu erkennen. Viele Suchtkranke arbeiten so an ihrer Psyche, indem sie die Realität so sehen, wie sie ist und nicht wie sie sie durch Drogen haben möchten.

Unglaublich, was die Pharmaindustrie verdient. Da werden nur Verluste mit 1,6 Milliarden Dollar auf die Preise umgeschlagen. Es ist ein Wahnsinn, was wieder beim Dickmachen der Medikamente durch Ernährungsberatung verdient wird.

Heute ist in Deutschland jede dritte Frau psychisch krank und jeder vierte Mann. Was vor 20 Jahren noch verfemt wurde, ist heute Standard. Ein Riesengeschäft für Ärzte und ihren Pillenverkauf, obwohl sie nie so betitelt werden wollen.

In einem Jahr Zyprexa ging ich auseinander. Heute habe ich Power ohne Neuroleptika und seelischen Schmerz, immer aktiv, aber nicht manisch. Ich hatte immer die Energie durch etwas Rasendes in meinem Bauch wie Kinder, die schreien.

Es ist auch schwer die Grenze zum Manischen zu finden. Es gibt Depressive, die so bleiben und Maniker, die keine Depression kennen. Aber die Diagnose ist sicherlich exogene Erkrankung des Schmerzes durch Missbrauch und Mobbing.

Ich habe Energie, die ich verwendete, anderen zu helfen, die schlechter leben konnten als ich. Immer habe ich immer ein ethisch-ausgereifter Denken als viele Ärzte. Sie sind hochgebildete Barbaren. Jede Gesellschaft kann sich messen lassen, wie sie mit Randgruppen umgeht: Behinderte, Kranke, Gefangene!

Da ist was Wahres dran. Nur kenne ich ad hoc keinen Staat, der wirklich dem menschlichen Ethos in der Behandlung seiner Unterschichten anders umgeht, vielleicht Kuba aus sozialistischem Ideal und hohem Anteil an Medizinern und Sozialarbeitern.

Ganz schlecht behandelt werden die Doppeldiagnosen, auch in der Forensik, auch im Gefängnis. Alle meine Symptome durch Stoffwechselzerstörung habe ich durch die Hypnose ausgemerzt. Abgrenzen und geradeaus gehen.

Selbst der IQ wird zur Hälfte durch das Milieu geprägt, das sind man daran, dass Akademiker sich durch ihre Kinder vervielfältigen. In der NS-Zeit wurden genetisch Hochintelligente gepaart und es kamen Dumme heraus.

Ich war durch die Not gezwungen, durch das miserable Leben mehr auszuhalten. Ich sah viele sterben. Selbst Ärzte haben keine Antennen zu psychisch Kranken, die Suizid gefährdet sind. Bei allen Krisen ist der Patient schuld nach deren Richtlinie.

Man müsste mit dem Hammer hereinschlagen. Es ist eine Ausgeburt des Bösen, was manche Psychiater sich herausnehmen. Sie bestimmen über Leben und Medizin und dann tragen sie keine Verantwortung. Sie interessiert nicht, ob der Patient glücklich ist.

Ich werde falsch behandelt und ich weiß, dass sie sich rächen wird. Aber den Ärzten mit Fehldiagnose passiert nichts, da traut sich auch kein Rechtsanwalt daran. Ich stand im Nebel der Medikamente.

Da nützen auch keine Ärzte- oder Rechtsanwaltskammer. Alles Humbug. Es muss eine strafrechtliche Verordnung zugunsten der Patienten in Deutschland her, um Missbrauch und endlich Risiko zu verlagern.

Ein zwei Tage schlecht sein habe ich immer ausgehalten und dann wird sich zeigen, was im Körper steckt ohne Substitution.

Aber ich fühle mich, als ob einem Hochleistungsläufer beide Beine amputiert wurden.

Laufen wollen alle und das möglichst schnell. Aber jeder hat sein Schicksal und dann wird man älter und da geht alles langsamer, aber rationaler. Dem Vergangenen nachzuhaken hat keinen Sinn und die Wirkung der Medikamente oder Drogen ist nunmal da.

Ich hatte aber das Glück meinen Therapeuten zu finden. Andere leben auch, aber immer abhängig. Jeder muss getragen werden, aber ich will auf eigenen Beinen stehen. Jedoch kann ich heute auch zulassen gestützt zu werden durch einen Freund.

Sexueller Missbrauch ist schon eine schlimme Sache und drückt auf die Seele mit schier unvorstellbarem Schmerz. Und da den Weg zu finden, ist gelungen, auf jeden Fall in Ansätzen. Die Probleme sind erkannt, bearbeitet und auf ein Neues, wo privat gegenseitige Stütze ist.

Heroin und Gefängnis

Der Schritt war eine Ächtung. Ich wusste nicht, wie ich das Leben beenden konnte. Es war ein Austicken des Lebenswillens und ich hatte immer Schmerzen durch die Opiate. Der Missbrauch erfährt auch eine immense Entwicklung.

Wie kann man da helfen? Heroin und Alkohol sind der schleichende Weg zum Tod. Es ist Selbstmord auf Rädern. Das war ja auch gewollt, aber ich lebte weiter. Schlecht, aber mit Kick und hoher sozialer Anerkennung in dem Kreis der Süchtigen.

Angeblich können Frauen nicht vergewaltigen, weil sie keinen Penis haben. Aber ich erlebte es und angeblich sollte es mir noch Spaß gemacht haben. Auch am Arbeitsplatz kann soziale Vergewaltigung durch Frauen entstehen.

Es ist ein heikles Schwert, das da angefasst wird. Die Ehefrau ist die größte Hure, sie kann den Mann auch ausbluten lassen. Das ist auch eine Form der Vergewaltigung. Frauen haben andere Methoden als Männer, sich an die erste Stelle zu setzen.

Ich fühlte mich gedemütigt von Frauen. Das alte Rein und Raus-Spiel wie es bei Homos noch stärker ausgeprägt ist als bei den Heteros, die nicht so flott sind. Als 18-Jähriger wurde ich von 30-jährigen Wölfen begehrt, die Unschuld.

Es ist immer die Lust, die im Vordergrund steht. Nicht die echte Liebe. Wie kann man es auch erwarten in dem Alter, aber es hat auch eine soziale Komponente und zwar die der Selbstliebe, des Prestiges und der Anerkennung.

Die erfahrenen Wölfe sind heute durch das Internet abgelöst. Bei den Homos endet das Leben eigentlich mit 30, 40 Zombie und mit 50 nicht mehr existent, brutale Welt. Der Jugendkult wird immer schlimmer.

Frischfleisch wird da gebraucht. Es ist schon manchmal ekelhaft, wie nur der außergewöhnliche Trieb existiert und nicht das soziale Miteinander. Wie sagte einmal eine Freundin, mein Sohn ist ein Rammler wie sein Vater, nur auf der Männerseite.

Meine Mutter hat mir zum 13ten Geburtstag ein Spritzenbesteck geschenkt, sterilisierbar. So wie sie mir in die Augen schaute, da wusste ich, damit ich mich damit umbringen kann. Es war zu dem Zweck. Das Kästchen hat alles überlebt.

Das ist schon ein Symbol, das nachdenklich macht. Das Kind war nie gewollt, ich war nie geliebt, sondern selbst den Suizid vornehmen. Wie fühlt man sich dabei? Elend, hilflos und irgendwann tut man es aus der Sozialisation heraus.

Die Junkies klauten es mir später und ich konnte es mir nicht wiederholen, weil ich im Gefängnis war. Ich konnte nicht mehr überleben, nicht mehr lesen und dann fragte ich mich, wie ich mich umbringe: Zug, Pulsadern, Aufhängen, alles ging nicht.

Manche sagen dann auch, sie saufen sich tot, noch leichter, aber der Weg in die Junkieszene ist auch gefährlich, wie sich dann herausstellte, weil die Beschaffung kriminell ist. Der soziale und wirtschaftliche Abstieg war vorprogrammiert und das Ende nicht gesichert.

War es Feigheit, aber mit dem Gift kannst Du Dich um die Ecke bringen. Alkohol hatte ich versucht, ich schädigte meinen

Körper, aber musste immer erbrechen. Die Nadel, das Versprechen an meine Mutter musste ich gehen.

Da sieht man, wie stark die Abhängigkeit von der Mutter war. Sie hatte von Anfang an das Schicksal geprägt und das nicht in eine gute und lebenswerte Seite. Niemand vermochte sie auszulöschen, bis sie selbst starb und da bleib die Erinnerung.

Ich war in den zwei Jahren kriminell, geächtet. Was ich da erlebt habe, kann sich niemand vorstellen, auch kein Richter oder Beamter. Ich habe die Heroinmenschen verstanden als neue Rasse, die sich untereinander solidarisieren.

Wieder ein Grenzgänger, der sich in einem Umfeld bewegt, das wie vorher schon in der Schwulen- und Travestie-Szene irgendwo auch Karriere machte. Der Workaholic war ausgeprägt durch das ständige Nachrennen nach Anerkennung.

Es bilden sich auch Paare, aber auch mit einem Messer in dem Rücken, weil sie nicht an den Stoff herankam und ihren Geliebte abmurkste. Einmal Junkie, immer Junkie, trau nie einem Junkie. Es ist eine besondere Form von Menschen.

Wenn man Edel-Junkies befragt, ist immer der Kick wichtig und wenn er substituiert durch Automaten oder Kaufrausch. Es ist das Adrenalin und alle suchen die wahnsinnige Erleichterung und nichts mehr weh tut.

Das Heroin macht ruhig, entspannend. Am wohlsten dann, wenn der Kick kommt und sie auf der Tischplatte landen. Es ist ein extremes Stressleben, wie ich heute an den Stoff komme. Ein Manager unterwegs.

Rauf und Runter. Ideal für Manisch-Depressive, ihr Leben so zu gestalten, dass sie ihrer Krankheit auch frönen können. Schlecht für Junkies, die nicht dealen können und ihren Körper verkaufen müssen.

Ich war selbst krank, hatte Arbeitslosengeld genügend, es waren aber Engpässe in der Gegend und habe den Laden organisiert, was ich am besten konnte. Mit einem Freund als Iraner und aus guter Schicht, fuhr ich nach Holland, wo alle Heroin rauchten.

So begann das Kriminelle, was in den Bereichen selten lange gut geht, wenn man nicht in einer großen Organisation abgedeckt ist. Da hatte ich die Grenze zwischen Eigenerziehung und dem frühen Schaden durch die Familie überschritten.

Wir kauften ein und ich verkaufte in Deutschland, auch als Außenseiter über 40 und dick. Manche versuchten uns zu bescheißen und das war ein Fehler, weil der Iraner eine Kampfkunstschule hatte. Ich pfiff ihn wieder zurück.

Es war jetzt Gewalt im Spiel, weil es auch um hohe Summen ging. Das war nicht mehr das eigene Verkaufen des Körpers oder die Arbeit als Führungskraft in legaler Position. War es klar, dass mit dem Schritt zum Selbstmord in Heroin auch der Charakter leidet?

Wir haben einfach den Dealer draußen abgefangen und dann kamen Marokkaner, die gute Geschäftsleute waren und dann lief der Laden richtig. Ich hatte auf einmal genügend Stoff für mich. Ich habe mir Zwischendealer gesucht, zwei bis vier von den Figuren, welche Betriebskosten?

Das Organigramm des Heroinhandels wäre bestimmt interessant gewesen, aber irgendwann kommt die kalte Hand des Gesetzes, wenn man nicht mehr nur der kleine User ist. Wer hoch pokert, kann alles verlieren.

Ich wurde verurteilt 2004 zu 3 Jahren 8 Monaten, aber ich war nicht der übliche Vogel mit großen Mengen und bekam eine milde Strafe. Ich war gefährlich trotz meiner sozialen Ader auch in dem Bereich.

Es war ein Spiel mit dem Feuer, was auch bestraft wurde. Es ist aber wieder zu betonen, dass es höchstillegal war aus eigener Erkrankung und da hilft auch nicht der Hinweis, dass manche Junkies kostenlos versorgt wurden.

Die gesamte Psychiatrie verdient an der Substitution und nicht richtigem Entzug. Ich kam in den offenen Vollzug, weil sie sahen, dass ich nicht zu den Edel-Junkies gehörte. Aber ich war abgerutscht.

Da wurde Gnade vor Recht gewährt, denn es war auch die Forensik im Gespräch, aber da steht man sich immer mit dem Gefängnis besser. Sozial war das Handeln aber trotzdem nicht, denn der eigene Selbstmord wurde noch mit dem Tod der anderen Süchtigen abgewogen.

Es galt Therapie statt Strafe, wo ich in der Therapie Sucht und Psychose meinen jetzigen Freund kennenlernte. Ich hatte keine Lebensenergie mehr, mir die Zähne zu putzen. Medikamente, die mir geholfen hätte, verweigerten sie mir, genau wie den Kaffee.

Gute Therapeuten sehen, dass Neuroleptika durch Kaffee und Nikotin kontrakariert werden. Es ist ein elender Kreislauf, in dem man sich befindet. Die wirkliche Hilfe durch Therapie ist verweigert, ein Abschieben ist immer möglich.

Ich muss mich auch abgrenzen von den wirklich Verrückten. Jede Woche wurden Patienten herausgeworfen, selbst in die Obdachlosigkeit. Immer Teamsitzung, wo die Patienten niedergemacht wurden. Wenn sie sich bemühen würden, könnten sie wiederkommen.

Das ist einfach unmenschlich. Therapeuten sollen doch helfen, aber das Spiel um die Seele hat etwas Krankhaftes. Es gilt ja auch die Regel, dass wer sieben Jahre ohne eigene Analyse mit Kranken arbeitet, selbst eine Macke hat.

Ein Döner auf dem Rückweg vom Schwimmbad war verboten und somit raus. Regeln wie in der Forensik. Im Stadtausgang erlaubt. Hirnrissige Verordnungen. Wir waren überwiegend Nichtkriminelle, aber das Schicksal blieb wegen Nichts gleich.

Verordnungen werden nicht eingehalten, weil sie sinnlos sind und nichts mit dem gesunden Menschenverstand zu tun haben. Und das ist ja gerade wichtig für einen Patienten, dass er lernt gesellschaftskonform zu leben, aber nicht gefängnisorientiert.

Der Leiter war vollgepumpt mit Lithium. An seinem Prinzip gingen viele kaputt. Es ist nur erklärbar, dass man mit Psychotikern und noch Suchtproblematik niemand etwas zu tun haben will. Ich passte nicht in das Substitutionsprogramm.

Kranke Leiter von Kliniken sind sehr häufig. Sie sind überlastet, selbst mit feinen Antennen, auch hochintelligent, aber wenn sie ihre Krankheit selbst nicht akzeptieren und outen schlechte Therapeuten.

Ich bin auf Bewährung früher raus. Ich wurde gut behandelt. Die Rahmenbedingungen des Gefängnisses sind mit heutiger Sozialtherapie aushaltbar. Ich war auch schlau mit Taxifahrern über die Grenze zu kommen.

Es entspricht einer immensen Lebensintelligenz dies alles zu durchstehen. Aber mit dem Schaden von Drogen und Medikamenten. Die wahre Persönlichkeit wird sich zeigen, wenn eine Freiheit von Chemie gegeben ist.

Mein Alter war früher der beste Schutz, aber heute mit Computern ist man sofort registriert. Es gibt kein wirkliches Leben in Substitution. Kranke möchte ich heute nicht mehr in meiner Umgebung haben, nicht auf fünf Meter herankommen lassen.

Es wird ein Schutzschild aufgebaut, das zum besseren Leben dient. Wollen wir hoffen, dass es in der Zukunft hilft. Worte müssen in die Tat umgesetzt werden, sonst sind es Lippenbekenntnisse, die nicht helfen.

Die Isolation begann durch die Therapie. Ich konnte weder Männer noch Frauen an mich heranlassen. Ich war einfach nur noch allein. Es gab keine Umarmung. Ich konnte es auch nicht mehr ertragen.

Ist das noch Menschsein? Eigentlich nicht. Es ist eine leere Hülle, die vom Herz pumpt, aber keine Emotionen mehr ausstrahlt. Das ist furchtbar für die Umwelt, aber auch für einen selbst. Sozial ist immer Kommunikation.

Die gesamte Wohnungseinrichtung war weg. Eine Betreuerin hat den Schutz der Wohnung verbockt. Ich bin geflüchtet vor

Durchgeknallten, die Spiritus tranken, weil ich ihnen nichts mehr gab. Sie wollten mich umbringen. So ging es ab.

War das wirklich geplant und gewollt? Wohl kaum. Wer mit dem Teufel isst, muss einen langen Löffel haben. Die eigenen Kräfte wohl überschätzt, denn letztlich trat der eigene Tod nicht ein, sondern die Drehmühle der Justiz und Psychiatrie.

Die Betreuerin konnte selbst die Fotoalben nicht retten. Es ging gar nichts mehr. Ich hatte einen Koffer mit Klamotten, die nicht passten. Es war die Totalvernichtung. Nur noch Verachtung, Ächtung, Falschbehandlung.

Vor dem Nichts zu stehen nach einem Gefängnisaufenthalt kennen viele. Aber wenn die eigenen Lebenskräfte nur noch schlummern, kann man sich auch nicht aufrappeln. Es dauerte Jahre, bis wieder ein normales Leben führbar war, aber auch mit Einschränkungen.

Ich habe sehr gute medizinische Kenntnisse und das rettet mich vielfach. Mit Geld kann man vieles machen, ich weiß auch, wie ich es den Ärzten anbieten kann. Zu mir haben sie kein Vertrauen mehr durch meine Biografie.

Es ist schon schlimm, wenn man kriminalisiert wird, wenn man sich eigentlich nur durch Heroin umbringen will, aber der Weg war nicht gerecht, er war fahrlässig. Und für die Schandtaten muss man büßen.

Wenn man Gefängnis von innen kennenlernt, da haben mir meine psychiatrischen Erkrankungen geholfen. Die Situation mit Russlanddeutschen konnte ich retten durch eine Verlegung. Ich hatte einen Schutzmantel.

In der Forensik ist es anders, da wird mit dem Paragraph 63 beerdigt, wenn alle Chancen nicht genutzt werden. Ewige Sonne, wie man es nennt. Aber das Leben wird dann sehr eintönig. Hospitalismus plus Dahinsiechen.

Ich hatte die Kraft der Tarot-Karten, was mir half. Die Empathie hat mich viel weitergebracht. Auch durch den Hypnosetherapeuten und die Behandlung, wo mir klar wurde, was ich mit den Karten konnte, ließ mich das Gefängnis überleben, sonst hätten sie mich umgebracht.

Es sind doch die Selbstheilungskräfte, die das Salz in der Suppe ausmachen. Niemals aufgeben, immer weiter, auch wenn es noch so schlecht geht. Das hilft, unüberwindliche Situationen zu meistern. Der immense Überlebenswille, warum dann Heroin?

Im Gefängnis im Südwesten war viel Menschlichkeit. Es gab ein Haus für durchsetzungsschwache Gefangene, da wurde ich aufgenommen. Da stimmt etwas mit mir nicht, aber es hörte niemand mir zu. Ich konnte keine Aggressionen mehr zeigen, nur Verzweiflung.

Das war doch super, um sich zu regenerieren. Aber das waren sicherlich nicht nur die Hormone, sondern die wirkliche Person, die helfend ist und nicht direkt kriminell. Die Forensik wäre der richtige Ort der Behandlung gewesen, aber mit der Zeitdauer wäre es wohl nicht getan gewesen.

Mein Stoffwechsel war durch die Neuroleptika geschädigt. Ich war in einer Schublade. Ich konnte außer Sucht keine Krankheiten entwickeln und wurde abgestempelt. Es ist kein einfacher Schritt, mich von allen Menschen loszueisen.

Auf der einen Seite Suche nach Wärme, auf der anderen die totale Abgrenzung. Ist die Einsamkeit wirklich so interessant? Ist das die Folge des langjährigen Heroinkonsums und der Substitution? Man möchte es nicht verneinen.

Es ist kein Bekanntenkreis da und von denen muss ich mich trennen. Es bleibt die Einsamkeit. Kann ich mit einem über Philosophie sprechen? Die übrigen Kontakte sind auch vielfach feige, haben keinen Mut und sich produzieren auf meine Kosten.

Das Beziehungsnetz ist sehr wichtig. Vielleicht die Stammkneipe, der Sport oder das Hobby. Das muss aufgebaut werden als neue Familie, die es natürlich nie sein kann, aber als Ersatz funktioniert. Das geht!

Mein Sportkumpel hält sich für den Größten, aber Männer gefallen ihm auch gut. Seit Jahren kamen solche Typen in meine Nähe. Er meint, dass Psychos mal Lust und keine haben. Andere Kumpels werden von der Ehefrau durchgeschleppt.

Es ist kein gesundes Umfeld da, wobei dafür noch viel Arbeit notwendig ist. Die Arbeit kann geschafft werden, aber es ist ein langer steiniger Weg mit vielen Rückschlägen. Niemals sollte dabei aber die Hoffnung aufgegeben werden.

Ich habe mir früher im Sportlichen immer etwas vorgenommen und bin weit gekommen, auch im Beruflichen, Grenzen austesten, transcendere. Narzissmus ist nicht vorhanden, eher eine depressive Komponente. Meine Ärztin hat im Moment Modell gestanden für Hysterie.

Selbstliebe kann auch helfen, wenn sie gesund ist. Sollten jedoch zwei starke Persönlichkeiten aufeinandertreffen, dann funkt es schon einmal. Und das ist momentan der Fall in der Frage der Medikamentenausschleichung.

Es gibt viele Geheimnisse von Männerseelen und es ist wirklich erstaunlich, dass ich nicht gestorben bin. Leichter wäre es gewesen, wenn ich mich durch die Medikamente der Ärzte umbringen ließe.

Sind immer noch suizidale Gedanken da? Man könnte es meinen. Die richtige Lebensfreude ist noch nicht vorhanden. Vielleicht hilft die Reflexion durch die Zeilen, ein wenig mehr Licht in das Dunkel zu bringen.

Vom Polamidon wegzukommen ist wahnsinnig schwer, genau wie von den Gedanken des Missbrauchs. Es war nicht nur punktuell, sondern durchgehend für die gesamte Lebenssituation. Ich wurde benutzt und konnte mir keine Hilfe holen.

Abhängigkeit ist das schwerste Problem, ob von Menschen, Alkohol oder Drogen. Und wenn man dann noch selbst solche Stoffe für die Beendigung einer anderen Abhängigkeit sucht, wird es doppelt schwer, eine Lösung zu finden.

Es ist gefährlich, wenn man den Schulmedizinern zu viel vertraut. Man muss fragen, ob es guttut oder etwas kaputtgeht. Aber bei allen eigenen Entscheidungen ist immer Vor- und Nachteil abzuwägen, wenn man rational und nicht affektiv durchs Leben geht.

Nachwort

Wie im Vorwort angedeutet soll hier zum Anlass genommen werden mit der zu Weihnachten immer steigenden Nachfrage nach äquivalenten Büchern die Theorie und Praxis des Beziehungssozialismus auch mit diesen analysierten Mutternarben zu untermauern.

Das Leben soll ein Geben und Nehmen im Ausgleich der Interessen der Pari-Pari-Beziehung zwischen Familie, Partner, Kindern und auch den Freunden beziehungsweise Bekannten sein. So ist letztlich das in diesem Jahr 2017 herausgegebene Werk „Die Emanzipation des Mannes" Grundlage für die gesellschaftliche Forderung der Waage in Menschlichkeit und Ehrlichkeit.

Wenn man die Personen in der Beschreibung dieser Biografie sieht, so kann im Grunde keine von sich behaupten, in diesem Sinne emanzipiert zu sein oder gehandelt zu haben. Immer besteht ein Ungleichgewicht von Anforderungen, Erwartungen und Handlungen.

Es kann da auch keine Entschuldigung sein, etwas Schlimmes erlebt zu haben, obwohl natürlich sexuelle Gewalt prägend, aber auch mit therapeutischer Hilfe blieb immer der Drang nach Geld und Macht, um sich und Anderen etwas zu beweisen.

In keiner Phase der Interviews und auch nach Fertigstellung war mir im Geringsten klar, was der Protagonist eigentlich als Sinn seines Lebens sah oder welche soziale Berufung er habe. Letztlich blieb Motivation und Tun nebulös ohne wirkliche Entscheidung und Abgrenzung.

Vielleicht hat diese Schrift dazu geholfen, eine Sphäre aufzuzeigen, die in Teilen auch für mich neu, aber sicherlich Anschauungsunterricht für einen gelebten Beziehungskapitalismus, der meiner Theorie diametral entgegensteht.

Bernd Hensel im November 2017 (Biografie vom Mai 2013)

Biografie

Nun war das die dritte von bisher vier Biografien aus der Hand des nun 56-jährigen Soziologen, der immer versucht nicht nur das Wiedergegebene herunterzuschreiben als sogenannter Ghostwriter, sondern seine eigene Sichtweise zu reflektieren. Jeder hat Mutternarben, die eigenen sollten auch analysiert werden, aber sowohl angesichts der Erfahrungen aus dem Kapital und von der Sicht der Milieutherapie als auch des notwendigen Beziehungssozialismus, der vom Autor praktiziert und theoretisiert, wird dazugelernt und dem Leser weitergegeben.

Buchveröffentlichungen im BoD-Verlag

Weihnachtstrilogie 2017

- Die Emanzipation des Mannes. Zum Beziehungssozialismus des 21. Jahrhunderts

- Die Katze als besserer Mensch in Beziehungstheorie

- Mutternarben

Politisches Sachbuch: Momente dialektischer Politik

Belletristik:

- Polygamie pur (2. Auflage in Arbeit)

- FC Bayern: Erfolg und Tränen

- Von Moskau nach Tel Aviv – Politaction

Ratgeber: Selbsthilfe zum Glück (2. Auflage in Arbeit)

Biografien:

- Der Straßenkämpfer

- Der alte Rebell von gestern

- Kalte Wärme